Catequese inclusiva

THAÍS RUFATTO DOS SANTOS

Catequese inclusiva
Da acolhida na comunidade à vivência da fé

Paulinas

Dados Internacionais de Catalogação na Publicação (CIP)
(Câmara Brasileira do Livro, SP, Brasil)

Santos, Thaís Rufatto dos
   Catequese inclusiva : da acolhida na comunidade à vivência da fé / Thaís Rufatto dos Santos. – São Paulo : Paulinas, 2013. – (Coleção catequética)

   Bibliografia
   ISBN 978-85-356-3451-8

   1. Catequese - Igreja Católica 2. Educação religiosa de deficientes 3. Igreja - Trabalho com pessoas com deficiência 4. Pessoas com deficiência - Vida religiosa I. Título. II. Série

13-01879   CDD-268.4

Índices para catálogo sistemático:
1. Catequese junto à pessoa com deficiência : Cristianismo   268.4
2. Deficientes : Catequese : Cristianismo   268.4

1ª edição – 2013
3ª reimpressão – 2025

Direção-geral: *Bernadete Boff*
Editores responsáveis: *Vera Ivanise Bombonatto*
Antonio Francisco Lelo
Copidesque: *Ana Cecilia Mari*
Coordenação de revisão: *Marina Mendonça*
Revisão: *Ruth Mitzuie Kluska*
Gerente de produção: *Felício Calegaro Neto*
Fotos: *Wanderson Cardoso Alves*
Assistente de arte: *Ana Karina Rodrigues Caetano*
Capa e diagramação: *Telma Custódio*

Nenhuma parte desta obra poderá ser reproduzida ou transmitida por qualquer forma e/ou quaisquer meios (eletrônico ou mecânico, incluindo fotocópia e gravação) ou arquivada em qualquer sistema ou banco de dados sem permissão escrita da Editora. Direitos reservados.

Cadastre-se e receba nossas informações
paulinas.com.br
Telemarketing e SAC: 0800-7010081

Paulinas
Rua Dona Inácia Uchoa, 62
04110-020 – São Paulo – SP (Brasil)
📞 (11) 2125-3500
✉ editora@paulinas.com.br

© Pia Sociedade Filhas de São Paulo – São Paulo, 2013

*A Deus, pelo dom que recebi para trabalhar
com as pessoas com deficiência,
e a Nossa Senhora, por me conduzir nesse trabalho.
A meus pais, Paulo e Cleide (in memoriam),
e a meu irmão Raphael.
A Dom Fernando Figueiredo, bispo da Diocese de Santo Amaro,
ao Pe. Sebastião Cícero da Silva (in memoriam),
que superou sua deficiência física
e não encontrou barreiras para servir a Deus.
Ao Pe. Maurício Cruz, que me ensinou a acreditar no sonho
de evangelizar pessoas com deficiência.
Ao Pe. Costanzo Donegana e
ao Pe. Lelo.
À Ir. Vera e à Ir. Terezinha,
pelo carinho e apoio que recebi para a realização deste sonho.
Aos amigos Walter, Gerardo, Wanderson, Bernadete, Sandra e Sueli,
e também a Rafael, meu catequizando com Síndrome de Down,
anjo de Deus em minha vida.*

Conteúdo

Apresentação 9
Introdução 11
   Terminologia 13
Inclusão 15
   Começo da inclusão 17
   Educação inclusiva no Brasil 17
A inclusão de crianças com deficiência na rede regular de ensino 23
   Ensinar a turma toda 25
   Sugestões para ensinar a turma toda 27
   Práticas pedagógicas 27
   Avaliação 28
Jesus nos ensina como incluir 29
   O Reino chegou 31
   Educador na ótica de Jesus 33
A Igreja é inclusiva 37
   Os sacramentos 39
   Pastoral da Pessoa com Deficiência 40
   É possível começar 42
   Primeira Eucaristia 42
Acessibilidade no interior das paróquias 45
   Proporcionar acesso é acolher 46
   Obstáculos comuns 47
   Medidas práticas 47
Metodologia catequética inclusiva 53
   Pedagogia catequética inclusiva 54
   Atitudes do catequista 57
   O encontro catequético 58

Como catequizar de acordo com cada deficiência 65
   Deficiência auditiva 66
   Libras 67
   Deficiência visual 68
   Analfabetismo 70
   Distúrbios da fala – Dislalia 71
   Dislexia 72
   Disortografia 73
   Disgrafia 74
   Discalculia 74
   Transtorno de Déficit de Atenção com Hiperatividade (TDAH) ... 75
   Hiperatividade 76
   Hipoatividade 76
   Deficiência física 77
   Deficiência intelectual 78
   Autismo 80
   Transtorno Global do Desenvolvimento ou Espectro Autista 81
   Síndrome de Asperger 82
   Paralisia cerebral 83

Considerações finais 85

Anexos 87
   Catequese é vida 89
   Depoimentos 93

Fontes 101

Apresentação

Ver uma necessidade diante dos olhos e sentir-se chamado a atuar sobre ela: é vocação. Foi o que aconteceu com os homens e as mulheres na Bíblia. Alguma coisa os movia por dentro, ardia-lhes o coração, impelindo-os àquela missão que contrariava o bom senso da sociedade da época.

Quando conheci a Thaís, tive este sentimento. Essa moça se encantou por algo que nós não conseguimos ver, mas que ela vislumbrou, acolheu e amou. Estava convencida: "Encontrei a minha missão!".

Desde a sua formação como pedagoga e das seguidas especializações, não arredou o pé diante daqueles que a atraíam e povoavam seu universo. E foi essa inquietação que a levou a ser uma voz permanente na Diocese de Santo Amaro, onde colaborou na implantação e coordenação da Pastoral da Pessoa com Deficiência.

Hoje em dia sentimos falta de pessoas assim, que encontram o sentido da vida numa missão vinda do alto.

Neste livro, Thaís anima os leitores a acolherem e incluírem aquele que vem em nome do Senhor. Trata-se de um processo de conversão do catequista e dos catequizandos que requer alguns cuidados extras, mas nada que seja impossível!

Deus, que chama e inicia uma obra, há de levá-la a termo. Por isso, auguramos que nossa autora continue se aprimorando e entusiasmando muitos catequistas, para que não corram o duplo risco de *não* quererem caminhar ou de deixarem, à beira do caminho, os que têm limitações específicas.

Pe. Antonio Francisco Lelo
Editor assistente e membro do Conselho Editorial
de Paulinas Editora

Introdução

> A inclusão diz respeito a nós batizados
> que seguimos o exemplo de Jesus,
> quando ele acolhia a todos,
> sem discriminar ninguém.

Desejo apresentar, aos catequistas e demais agentes envolvidos na pastoral, a inclusão das pessoas com deficiência na catequese e na comunidade, objetivando a vivência na fé e a partilha dos dons de cada catequizando.

Este livro quer, assim, animar o catequista a dar o primeiro passo para acolher e incluir estas pessoas em seu grupo.

"Quando deres um banquete, convida os pobres, os aleijados, os coxos e os cegos!" (Lc 14,13), ou seja, todos, sem distinção, são convidados a fazer parte do grande banquete oferecido pela comunidade. Afinal, somos todos configurados em Cristo pelo Batismo, formando um só Corpo com ele. Este Corpo não ficará completo, se alguns irmãos faltarem à mesa dos sacramentos, particularmente da Eucaristia.

A Igreja, desde os primeiros séculos, engajou-se na via da caridade e da inviolabilidade da vida humana. A Exortação Apostólica *Christifideles Laici*, n. 53, reconhece as pessoas com deficiência como sujeitos ativos na Igreja e no mundo, a ponto de não impedir a ordenação de homens com alguma deficiência.

A Campanha da Fraternidade de 2006 chamou nossa atenção para estes irmãos, frequentemente vítimas de preconceitos e de discriminação.

Diante de uma sociedade que valoriza a eficiência, o lucro, a competência profissional, a beleza do corpo, as pessoas com deficiência podem continuamente nos apontar o que é realmente essencial para sermos felizes nesta e na outra vida.

As conquistas nesta área são resultantes de lutas individuais e coletivas e de organizações solidárias à construção de uma sociedade mais justa para todos. Tais reivindicações impediram que as deficiências se transformassem em motivo de injustiça e em pretexto para discriminações.

Neste contexto de conquistas, nasce a catequese inclusiva, que possibilita a evangelização do catequizando com deficiência.[1]

Brevemente, traçaremos o histórico da inclusão no Brasil. Em seguida, trataremos do princípio da inclusão na escola, do qual deriva a inclusão na catequese.

Um tema referencial e decisivo é seguir a prática inclusiva de Jesus, que acolhia leprosos, cegos, paralíticos, epiléticos... A novidade avassaladora do Reino não conhece nada que impeça a plenitude de vida. A Igreja, continuadora da prática de Jesus, incentiva a Pastoral da Pessoa com Deficiência e a conversão da comunidade, que se manifesta, ainda, ao facilitar o acesso para o interior do templo.

Outro eixo prático é a metodologia catequética. Aqui apresento pistas, especialmente para preparar o grupo para aceitar o diferente. A catequese inclusiva se faz com todos juntos no grupo. Somente assim a comunidade fica completa.

---

[1] Cf. CNBB. *Diretrizes Gerais da Ação Evangelizadora da Igreja no Brasil 2011-2015*. São Paulo: Paulinas, nn. 85-86, 2011. (Documentos da CNBB 94.)

Por último, descrevo as principais deficiências e quais atitudes e estratégias poderão ser tomadas pelo catequista para conduzir o processo no grupo.

Anexas, apresento as conclusões do V Seminário Nacional de Catequese junto à Pessoa com Deficiência, promovido pela Comissão de Animação Bíblico-Catequética da CNBB. Também reproduzo depoimentos e histórias de superação de pessoas que se adaptaram à comunidade de fé.

Desejo a todos os catequistas que se entusiasmem com essa proposta e sintam orgulho de dizer: sou um catequista inclusivo! Na verdade, este catequista rompeu barreiras, venceu preconceitos, se humanizou e tem os mesmos sentimentos de Cristo Jesus.

Terminologia

É oportuno esclarecer a terminologia que se usa para indicar ou reconhecer uma pessoa com deficiência. A palavra "deficiência" evoca ausência e está associada à ideia de imperfeição, por isso exige que se tenha cuidado, principalmente quando se chama uma pessoa de deficiente, em vez de distingui-la e vê-la como alguém com uma deficiência. Algumas expressões foram construídas ao longo da história, sejam elas bem-intencionadas ou rotuladoras, e podem representar conceitos ou preconceitos.

No Brasil, tornou-se bastante popular, acentuadamente entre 1986 e 1996, o uso da expressão "portador de deficiência" (e suas flexões no feminino e no plural). Pessoas com deficiência vêm ponderando que elas não portam deficiência; a deficiência que possuem não é algo que algumas vezes portam e em outras, não (por exemplo, um documento de identidade, um guarda-chuva). Assim, o termo preferido passou a ser "pessoa com deficiência".

Aprovadas após debate mundial, as expressões "pessoa com deficiência" e "pessoas com deficiência" foram utilizadas no texto da Convenção sobre os Direitos das Pessoas com Deficiência, adotada em 13/12/2006 pela Assembleia Geral da ONU [ratificada com equivalência de emenda constitucional pelo Decreto Legislativo n. 186, de 9/7/2008, e promulgada pelo Decreto n. 6.949, de 25/8/2009].

O texto-base da Campanha da Fraternidade de 2006 considerou pessoas com deficiência: os cegos, os surdos, os mudos, os que têm algum tipo de lesão física ou cerebral, ou alguma deficiência intelectual. Cabe destacar aqui a diferença entre elas: a lesão no sistema nervoso central pode afetar a parte motora ou mental da pessoa. Esta lesão, quando atinge apenas a parte motora, denomina-se paralisia cerebral. E, ao comprometer a parte cognitiva, que também é chamada de parte mental, resulta na deficiência intelectual.

A busca por um termo mais suave, bem como de outras iniciativas de inclusão, se faz necessária quando, no mundo, há mais de 500 milhões de pessoas com deficiência. Só na América Latina e Caribe, são mais de 50 milhões: sem escola, sem trabalho, sem serviços de saúde etc.

No Brasil, segundo o Censo 2010, 45 milhões de brasileiros declararam ter algum tipo de deficiência, ou seja, quase 24% da população. Todos nós estamos sujeitos, em qualquer etapa da vida, a nos tornarmos pessoas com deficiência.

Inclusão

No dicionário Aurélio *on-line*, é possível encontrar o seguinte significado para "inclusão": ação ou efeito de incluir./ Estado de uma coisa incluída. A etimologia da palavra inclusão vem do latim *includere*, "fechar em, inserir, rodear", de *in*, "em", + *claudere*, "fechar". Inclusão é o mesmo que colocar dentro alguma coisa que esteja do lado de fora.

A chamada educação inclusiva, propriamente dita, teve início nos Estados Unidos através da Lei Pública n. 94.142, de 1975, e, atualmente, já se encontra na terceira década de implementação, tendo começado a se fortalecer em diversos pontos do mundo como Estados Unidos, Europa e a parte inglesa do Canadá.

Há arquivos históricos datados do século XV que relatam casos de crianças deformadas jogadas nos esgotos da Roma Antiga. Em Esparta, as crianças com deformidades eram abandonadas e morriam aos poucos.

Essas crianças não poderiam ser produtivas e sua existência representaria um peso para a sociedade. Dessa forma, sua exclusão não ia contra a ética e a moral da época, além do que as explicações dadas para a deficiência assumiam um cunho místico ou sobrenatural.

Um fator que ajudou a sociedade a fazer uma reavaliação ao longo da história foram os soldados mutilados em guerras, uma vez que eram reinseridos na sociedade e esta precisava se adaptar para conviver com eles.

Até a metade do século XIX, houve um processo de exclusão social. As pessoas com deficiência eram consideradas objetos do castigo divino. Completamente desconsideradas no plano das ações públicas, eram enclausuradas e abandonadas em cadeias, leprosários e hospícios, sem tratamento adequado. Atualmente, é dever da família conviver com as pessoas com deficiência, sendo que os asilos, manicômios etc. que abrigavam e tratavam delas foram extintos, por mantê-las isoladas do âmbito familiar e social.

Dessas premissas, derivou a luta contra as escolas especiais, os institutos de assistência e os hospitais psiquiátricos. As fortes conotações ideológicas e, em parte utópica, desse novo encaminhamento (chamado "antipsiquiátrico") tiveram consequências muito importantes, mas especialmente positivas: uma nova assistência às pessoas com deficiência na família, a escola integrada com os alunos (que é um modelo apreciado no mundo inteiro), o fechamento dos hospitais psiquiátricos como reclusões, novas modalidades de inclusão no trabalho, a luta em várias frentes contra a marginalização e a sensibilização da opinião pública.[1]

Embora ainda existam exemplos discriminatórios em nossa sociedade, a mudança de comportamento ao longo das civilizações e a crescente reflexão dos temas ligados à cidadania e aos direitos humanos geraram uma nova consciência social.

---

[1] PFFANER, Pietro; MARCHESCHI, Mara. *Retardo mental*; uma deficiência a ser compreendida e tratada. São Paulo: Paulinas, 2008, p. 150.

Começo da inclusão

Falar em inclusão atualmente parece algo novo e da moda, mas a inclusão já acontece há muito tempo.

Há inúmeros documentos que embasam a inclusão, entre eles um dos maiores é a Declaração dos Direitos do Homem e do Cidadão, criado na França, no início da Revolução Francesa, em 1789. Esse documento trata a todos em nível de igualdade e atribui ao indivíduo direitos intransferíveis, independente da classe à qual pertence. O primeiro artigo já afirma: "Todos os seres humanos nascem livres e iguais em direitos".

Educação inclusiva no Brasil e no mundo

No ano de 1854, Dom Pedro II fundou o Imperial Instituto dos Meninos Cegos, no Rio de Janeiro.

Em 1948, foi assinada a Declaração Universal dos Direitos Humanos, que garante a todos o direito à educação e, anos mais tarde, em 1954, aqui no Brasil, foi fundada a primeira Associação de Pais e Amigos dos Excepcionais (Apae),[2] surgindo o ensino especial como opção à escola regular.

No Brasil, nos anos 1960 aparece, pela primeira vez, na Lei de Diretrizes e Bases (LDB), Lei n. 4.024, de 1961, "que a educação dos excepcionais deve enquadrar-se no sistema geral de educação". Nos anos 1970, uma emenda à Constituição

---

[2] "Excepcionais" foi o termo utilizado nas décadas de 1950, 1960 e 1970, para designar pessoas com deficiência intelectual. Com o surgimento de estudos e práticas educacionais sobre altas habilidades, nas décadas de 1980 e 1990, o termo "excepcionais" passou a ser usado para se referir a pessoas com inteligências múltiplas, acima da média, ressaltando-se: pessoas superdotadas ou com altas habilidades, gênios e pessoas com inteligência lógico-matemática abaixo da média, que se destacam pela deficiência intelectual.

brasileira trata do direito da pessoa com deficiência pela primeira vez.

Em 1971, acontece um retrocesso jurídico, pois a Lei n. 5.692 passa a determinar que haja um *tratamento especial* para crianças com deficiência, reforçando as escolas especiais. Nestas escolas pratica-se a Educação Especial, que recebe esse nome devido ao atendimento prestado apenas a alunos com deficiências.

Em 1973, foi criado o Centro Nacional de Educação Especial (Cenesp), com a perspectiva de integrar aquelas pessoas que conseguem acompanhar o ritmo de uma sala de aula regular.

Até (1979) então vigorava o paternalismo humilhante com relação às necessidades e potencialidades das pessoas com deficiência. Até então era comum que às pessoas com deficiência não fossem permitidos voz e voto nas pequenas e nas grandes decisões que afetavam sua vida. Por demasiado longo tempo, essas pessoas vinham sendo tratadas como se não fossem capazes de falar ou decidir por si mesmas sobre suas necessidades ou como se elas não tivessem consciência das injustiças ou coragem de denunciá-las publicamente, também por conta de constituírem uma minoria invisível dentro da população geral.[3]

Já nos anos 1980 e 1990 aconteceram diversos tratados mundiais para defender a inclusão. Na Constituição Federal Brasileira de 1988, diz o art. 208, inciso III: "O dever do Estado com a educação será efetivado mediante a garantia de atendimento educacional especializado para as pessoas com deficiência, preferencialmente na rede regular de ensino".

---

[3] CNBB. Texto-base da Campanha da Fraternidade – *Fraternidade e pessoas com deficiência*, 2006, n. 31. In: <http://www.cnbb.org.br/ns/modules/mastop_publish/files/files_48cfb723b42d3.pdf>. Acesso em: 28 jun. 2012.

Este inciso fundamenta e faz constar a obrigatoriedade de um ensino especializado para crianças com deficiência na rede regular, restabelecendo assim a igualdade no acesso à escola.

A Lei Federal n. 7.853, aprovada em 1989, que se refere à educação, prevê a oferta obrigatória e gratuita da Educação Especial nos estabelecimentos públicos de ensino, e multa de reclusão para os dirigentes que não obedecerem à lei.

Neste mesmo ano, no dia 24 de outubro, foi aprovada a Lei Federal n. 7.855, que diz respeito ao Direito das Pessoas com Deficiência, à sua integração social e também trata da Coordenadoria Nacional para Integração da Pessoa com Deficiência (Corde).

A Corde é o órgão responsável pela política nacional para a integração de pessoas com deficiência. Esse órgão institui a tutela jurisdicional dos interesses coletivos ou difusos dessas pessoas, disciplina a atuação do Ministério Público, define crimes e dá outras providências, como atribuir competência também ao Ministério Público para fiscalizar instituições e apurar possíveis irregularidades através do inquérito civil e competente ação civil pública, caso seja necessário.

Em 1990, a Conferência Mundial sobre a Educação para Todos, realizada em Jomtien, na Tailândia, oferece a todos o acesso à promoção da igualdade, a ampliação dos meios, dos conteúdos e do ambiente da Educação Básica, e estabelece que todos devem ter acesso à educação. Em 13 de julho deste mesmo ano, aqui no Brasil é aprovado o Estatuto da Criança e do Adolescente, que reitera os direitos garantidos na Constituição e confere aos pais ou responsáveis a obrigação de matricular os filhos na rede regular.

Em 1994 é assinada a Declaração de Salamanca, documento em que delegados da Conferência Mundial de Educação Especial, representando 88 governos e 25 organizações internacionais em assembleia nessa cidade da Espanha, reafirmam o compromisso com a *educação para todos*, que visa informar sobre princípios, políticas e práticas em Educação Especial.[4] Esse documento constitui um marco importantíssimo na garantia dos direitos educacionais sem discriminação, pois define políticas, princípios e práticas da Educação Especial e influi nas políticas públicas da educação.[5]

No ano de 1996, a Lei n. 9.394 (atualmente em vigor), no inciso III, aborda a inclusão das crianças com necessidades especiais no sistema regular de ensino e atribui a essas redes o dever de assegurar currículo, métodos, recursos e organização para atender às necessidades dos alunos.[6]

Mas o próprio transporte escolar já representava uma primeira barreira para o cumprimento desta lei. Há, inclusive, o caso de uma mãe que, ao solicitar a inclusão de sua filha no transporte escolar, juntamente com as demais crianças, teve seu pedido inicialmente recusado. Mas depois a motorista aceitou o desafio e disse que

> entre todas as crianças que transportava, aquela era a mais es-

---

[4] Por volta do ano de 1990, surgiram expressões como "crianças especiais", com o objetivo de minimizar a contundência da palavra "deficientes".

[5] UNESCO. *Declaração de Salamanca e linha de ação sobre necessidades educativas especiais*. Brasília: Corde, 1994.

[6] No sistema educacional, o termo "necessidades educacionais especiais" foi adotado pelo Conselho Nacional de Educação/Câmara de Educação Básica (Resolução n. 2, de 11/09/2001, com base no Parecer CNE/CEB n. 17/2001, homologado pelo MEC em 15/08/2001). Esta resolução, durante o ano de 2005, estava sendo reformulada pelo CNE (Cadastro Nacional de Estabelecimento de Saúde). Cf. SASSAKI, R. K. Terminologia sobre deficiência na era da inclusão. *Revista Nacional de Reabilitação*, São Paulo, Ano V, n. 24, p. 6-9, jan./fev. 2002 [texto atualizado em 2010].

pecial. No trajeto até a escola, a garota alegrava seu coração com um lindo sorriso e suas histórias. Dizia que não sabia de onde a criança tirava tanta alegria. Sua viagem se tornava cada vez mais bela e prazerosa.[7]

Destaca-se, no âmbito federal, a Lei n. 7.853/1989, regulamentada pelo Decreto n. 3.298/1999, que dispõe sobre a Política Nacional para a Integração da Pessoa com Deficiência; determina o atendimento prioritário e adequado na área da educação, saúde, formação profissional e do trabalho, recursos humanos e edificações; dispõe sobre a Coordenadoria Nacional para Integração da Pessoa com Deficiência (Corde) e sobre o Conselho Nacional dos Direitos da Pessoa com Deficiência (Conade). Institui ainda a tutela jurisdicional de interesses coletivos ou difusos dessas pessoas; disciplina a atuação do Ministério Público e define crimes.

Após vários estudos preliminares e atendendo aos Referenciais para a Educação Especial, a edição, em 2001, das Diretrizes Nacionais para a Educação Especial na Educação Básica tratou especificamente de dois temas: a organização dos sistemas de ensino para o atendimento ao aluno que apresenta necessidades educacionais especiais e a formação do professor. Neste mesmo ano, a Resolução CNE/CEB 2 divulga a criminalização da recusa em matricular crianças com deficiência, devido ao aumento destas crianças no ensino regular.

No ano de 2002, a Resolução CNE/CP 1 define que a universidade deve formar professores para atender alunos com deficiência. E a Lei n. 10.436, de 2002, reconhece a Língua

---
[7] NEUSA MARIA. *Filhos especiais para pessoas especiais*; o milagre do dia a dia. São Paulo: Paulinas, 2006, p. 42.

Brasileira de Sinais (Libras) como meio legal de comunicação e expressão.

A Portaria n. 2.678 aprova normas para o uso, o ensino, a produção e a difusão do braile em todas as modalidades de educação.

Em 2003, o MEC criou o Programa Educação Inclusiva: Direito à Diversidade, que forma professores para atuar na disseminação da Educação Inclusiva.

No ano de 2004, as Diretrizes Gerais do Ministério Público Federal reafirmam o direito à escolarização de alunos com e sem deficiência no ensino regular.

Em 2006, a convenção aprovada pela Organização das Nações Unidas (ONU) estabelece que as pessoas com deficiência tenham acesso ao ensino inclusivo.

Somente em 2008 acontece o fim da segregação, quando a Política Nacional de Educação Especial na Perspectiva da Educação Inclusiva define que todos devem estudar na escola comum e, pela primeira vez, o número de crianças com deficiência matriculadas na escola regular ultrapassa o das que estão na escola especial.[8]

O Brasil ratifica a Convenção dos Direitos das Pessoas com Deficiências, da ONU, fazendo da norma parte da legislação nacional.

---

[8] Na escola especial estudam apenas pessoas com algum tipo de deficiência. Muitos consideram que o desenvolvimento pedagógico e social fica comprometido devido à metodologia. Esta é prejudicada pelo isolamento, que restringe a convivência de tais alunos.

A inclusão de crianças com deficiência na rede regular de ensino

Atualmente, é comum saber de pessoas com deficiência que buscam emprego, mas que, por não terem frequentado o ensino regular, não atendem às exigências do mercado de trabalho.

A inclusão de crianças com deficiência na rede regular de ensino diz respeito à sua integração enquanto cidadãs na sociedade, com seus respectivos direitos e deveres de participação e contribuição social. A discussão mais ampla sobre inclusão, fundada na movimentação histórica decorrente das lutas pelos direitos humanos, não mais se constitui numa novidade, uma vez que tais princípios já vêm sendo veiculados em forma de declarações e diretrizes políticas pelo menos desde 1948, quando se deu a aprovação da Declaração Universal dos Direitos Humanos.

A inclusão na educação está embasada no princípio fundamental de que todos deveriam aprender juntos, independentemente de quaisquer dificuldades ou diferenças que possam ter.

No dia a dia, é possível perceber a insegurança de professores e de outros profissionais ao se depararem com a "educação inclusiva". Isso fica bem visível quando a família de uma criança ou adolescente com deficiência busca uma escola para matricular seu filho.

É comum encontrar no interior das escolas as chamadas *barreiras atitudinais*, que se revelam no momento em que o funcionário de uma escola orienta os pais a procurarem outra instituição. As razões alegadas variam desde a escassez de profissionais qualificados à acessibilidade arquitetônica.

As reformas educacionais e todas as interrogações sobre o papel da escola exigem que se repense a prática pedagógica tendo como eixos: a ética, a justiça e os direitos humanos. E, acima de tudo, o amor com que é exercida a profissão.

Estas bases, que sempre sustentaram a linha de pensamento educacional, deverão abrir uma nova fase de quebra das *barreiras físicas e atitudinais*, fundamentada na troca de conhecimento com o outro e na superação de paradigmas impostos pelo passado, quando as pessoas com deficiência eram deixadas de lado, tanto pela família como pela sociedade.

Lutamos por um ensino de qualidade a partir da formação de redes de saberes com adaptações curriculares, para que as pessoas com deficiência se desenvolvam em um ambiente verdadeiramente estimulador de suas potencialidades, de inteligências múltiplas e de seus valores de cidadãos.

Nesses ambientes educativos, os alunos aprendem a valorizar a diferença, por meio:
- da convivência com os colegas,
- do exemplo dos professores,
- do conteúdo abordado,
- da relação afetiva, solidária, fraterna, participativa, interativa e efetivamente agápica, estabelecida com toda a comunidade, pois o amor é o cerne da relação escola, família e aluno.

Independentemente das diferenças de cada um dos alunos, as escolas passam da simples transmissão de ensino para uma pedagogia interativa. O educador trocará experiências com o aluno com deficiência e se colocará em seu lugar, ou seja, irá aprender com esse aluno como deverá ensiná-lo. O educador partirá do princípio de que os alunos já possuem conhecimentos prévios e sabem alguma coisa e partilhará com eles a construção dos conhecimentos criados em aula. Esse profissional precisará reunir amor, humildade para ensinar e estará sempre aberto a aprender.[9]

A rede de conhecimentos é uma construção de todos, professores e alunos, que aprendem e trocam conhecimentos mutuamente. E nela não se distinguem os que sabem mais dos que sabem menos, pois todas as contribuições se entrelaçam e formam uma única peça: a rede chamada SABER.

Enfrentar os desafios da inclusão escolar enriquece tanto a prática pedagógica da instituição de ensino quanto a do educador, que ensina e aprende com o educando. Enriquece igualmente a vida escolar do aluno que se abriu ao conhecimento e aprendeu com aquele educador.

Ensinar a turma toda

Cabe às escolas inclusivas reconhecer e responder às diversas necessidades de seus alunos, acomodando tanto esti-

---

[9] Sugerimos o filme: *O milagre de Anne Sullivan*, produzido pela Classicline (1979), com direção de Arthur Penn. Baseado na vida real, o filme conta a comovente história de Anne Sullivan, uma persistente professora cuja maior luta foi a de ajudar sua aluna Helen Keller, deficiente visual e auditiva, a adaptar-se ao mundo que a rodeava. Mostra o inevitável confronto da diferente atitude da professora com os pais, que sempre sentiram pena da filha e a mimaram.

los como ritmos diferentes de aprendizagem e assegurando uma educação de qualidade para todos através de currículo apropriado, modificações organizacionais, estratégias de ensino, uso de recursos e parcerias com a comunidade e, principalmente, com as famílias dos alunos.

Criar contextos educacionais capazes de ensinar a todos os alunos é o mesmo que reorganizar o trabalho escolar de toda a equipe pedagógica, que deve estar em união também com a família do aluno. Para atender às especificidades dos educandos que não conseguem acompanhar os colegas de turma pela deficiência que apresentam, é preciso que haja adaptações de currículos, facilitação das atividades escolares, além de programas para reforçar as aprendizagens ou mesmo acelerá-las, em casos de maior defasagem entre idade e série escolar.

Ensinar *a turma toda* é promover várias situações de aprendizagem que ensejem ao educando a possibilidade de interpretar, entender, aprender em grupo e cooperativamente.

Com a educação inclusiva acontece algo semelhante à feitura de um tapete, cujos fios entrelaçados nas mãos de uma artesã resultam num belo produto. A sala se torna a tela onde esta inclusão será tecida. A união de cada aluno, tenha ele deficiência ou não, somada a seu conhecimento prévio e suas experiências adquiridas, forma um lindo cenário educacional inclusivo, que faz a diferença em nosso país.

Essa transposição e a construção de competências são entendidas como "uma capacidade de agir eficazmente em um determinado tipo de situação, apoiada em conhecimentos, mas sem limitar-se a eles".[10]

---

[10] PERRENOUD, Philippe. *Construir as competências desde a escola.* Trad. Bruno Charles Magne. Porto Alegre: Artes Médicas Sul, 1999, p. 7.

> "O papel verdadeiro da escola é ensinar a voar, não cortar as asas" (Gilberto Dimenstein). A convivência na diversidade humana enriquece nossa existência como seres humanos, pois é a base para uma vida mais saudável e feliz.

Sugestões para ensinar a turma toda

Na maioria das vezes, os educadores questionam como ensinar aos alunos o mesmo conteúdo, durante aproximadamente 60 minutos, com o objetivo de atingir a todos, apesar de suas diferenças.

O que o educador precisa é ter claro que cada aluno aprende no seu tempo e no seu ritmo e deve levar em consideração a heterogeneidade da sala, tendo a certeza de que os alunos aprendem pela vida afora e devem ser integrados e aceitos na sociedade.

Uma escola se distingue por um ensino de qualidade quando:
- é capaz de formar pessoas solidárias que pensam nos valores universais;
- aproxima os alunos como amigos e não como concorrentes;
- trata os conteúdos com base na realidade dos alunos, para que os motivem a frequentar a escola, evitando, assim, a evasão escolar;
- tem como parceiras as famílias e a comunidade, que unidas buscam uma educação de qualidade para todos.

Práticas pedagógicas

Independentemente de possuir ferramentas tecnológicas, espaço adequado, com acessibilidade e estratégias adequadas, em alguns casos é necessário adaptar principalmente o conteúdo. O educador deve refletir com antecedência sobre o tema da aula e as possíveis flexibilizações para permitir que todos aprendam, inclusive aquele aluno com deficiência, o qual, dependendo da série em que está, muitas vezes não conseguiu ser alfabetizado.

Nesse caso, é comum haver defasagem entre a idade e a série na qual esse aluno foi matriculado. Portanto, faz-se necessário o acompanhamento psicopedagógico fora do ambiente escolar.

Há que propor atividades adaptadas para aquele aluno que apresenta determinada deficiência, com o mesmo conteúdo a ser utilizado pelos demais.

Avaliação

A avaliação do desenvolvimento dos alunos acontece diariamente e a cada atividade. Para saber se o aluno com deficiência absorveu o conteúdo, o educador deverá prestar atenção se ele está assimilando o que foi proposto, sempre respeitando seu tempo e ritmo de assimilação.

As exigências na avaliação devem ser tão diversificadas quanto a própria turma.

Jesus nos ensina como incluir

"O diferente nos educa."
D. Helder Câmara

Jesus nos deixou o exemplo concreto de como se deve realizar a inclusão. Em seus inúmeros milagres, relatados nos evangelhos, ele, com seu amor, além de tocar a pessoa e curar a enfermidade, também resgatava sua dignidade, incluindo-a na sociedade.

> Jesus não analisava as causas e razões mas manda levantar e andar (ele atua – Mt 15,29-30). Jesus sempre convoca a pessoa ao protagonismo: "Seja feito como tu crês" – convoca a assumir a força de Deus que está dentro da pessoa (Mc 3,1-3), de forma participativa. Jesus não cria dependência em função da cura, não exige retribuição pelo bem realizado, como na cura dos dez leprosos em que somente um, que era samaritano, retornou para louvar a Deus (Lc 17,11-19).[1]

O lema da Campanha da Fraternidade de 2006 – "Levanta-te, vem para o meio" (Mc 3,3) – recorda um convite que Je-

---

[1] CONFERÊNCIA NACIONAL DOS BISPOS DO BRASIL. *Fraternidade e pessoas com deficiência*. Texto-base da Campanha da Fraternidade 2006, n. 314-315. In: <http://www.cnbb.org.br/ns/modules/mastop_publish/files/files_48cfb723b42d3.pdf>. Acesso em: 28 jun. 2012.

sus fez a um homem com a mão atrofiada: "Vem para o meio". Tudo leva a pensar que aquele pobre homem era desprezado e deixado no canto devido à sua deficiência. Talvez lhe fosse até atribuído o estigma de ser um pecador e castigado por Deus, devido a seu estado.

A cura mencionada acontece num sábado, dia sagrado no qual não era permitida a realização de nenhum tipo de atividade, inclusive a cura de doentes. Mas Jesus chamou esse homem e o curou na frente de todos.

Jesus desafia os saudáveis, os fortes e fisicamente "perfeitos" a superarem qualquer preconceito e discriminação em relação às pessoas com deficiência, bem como a fazerem a sua parte para acolhê-las, valorizá-las e promover sua dignidade.

Esse gesto dele é um convite para que a pessoa com deficiência tenha coragem e não se resigne a ficar excluída, mas que ocupe seu espaço e assuma sua dignidade. Jesus não a deixa sozinha diante de seu problema, e sim estende-lhe a mão e a ajuda. O que deixa a entender a todos os presentes que aquela pessoa não deve ser desprezada nem abandonada.

Jesus, mesmo tendo combatido e eliminado as divisões e rejeições que existiam, também se sentiu excluído e marginalizado pelas pessoas daquela época, até mesmo por aquelas que faziam parte do seu povo, conforme vemos no Evangelho Segundo João 1,11: "Ele veio para o que era seu, mas os seus não o acolheram".

Jesus resgata a dignidade das pessoas com deficiência. No Evangelho de Marcos 2,1-17, diz ao paralítico: "Os teus pecados estão perdoados" (v. 9); "eu te digo: levanta-te, pega a tua maca e vai para casa!" (v. 11). Os episódios da sua vida pública mostram como ultrapassou as barreiras e que viu cada indivíduo como um irmão. Por exemplo, além da cura em dia de sábado, ele tocou e curou os leprosos, que, até por razões higiênicas, eram completamente excluídos do convívio social (Lc 17,11-19); a samaritana, que, por ser mulher e pertencer ao povo dos samaritanos, era discriminada (Jo 4,4-30).

Há muitas passagens bíblicas que citam as pessoas com deficiência: "Quando deres um banquete, convida os pobres, os aleijados, os coxos e os cegos!" (Lc 14,13) – todos são convidados a fazer parte do grande banquete.

Jesus Cristo é o modelo de relação entre as pessoas e a concretização autêntica da fraternidade. Ele assume a fragilidade humana dando sentido e força a todos nós, principalmente às pessoas com deficiência. Rompeu com a ideia de pureza-impureza, imposta naquela época, fazendo prevalecer a pessoa humana e, por fim, dando-nos um novo mandamento: "Amai-vos uns aos outros como eu vos amei".

Jesus vem ao nosso encontro através daquele que precisa de nosso auxílio. "Todas as vezes que fizestes isso a um destes mais pequenos, que são meus irmãos, foi a mim que o fizestes!" (Mt 25,40). Está presente naquele que está caído à beira das estradas, no lugar estrangeiro... Em seu amor sem fronteiras, todos se encontram, se unem, se amam e se veem reconhecidos em sua dignidade de pessoas e de filhos de Deus.

O Reino chegou[2]

Jesus inaugura um novo modo de as pessoas se relacionarem, pois agora o Reino de Deus chegou à sua plenitude. Neste Reino não há lugar para o mal e todas as suas manifestações.

---

[2] Cf. BETTENCOURT, Estêvão. Crítica dos evangelhos: milagres de Jesus. Fatos históricos e significado. *Pergunte e responderemos*, Ano 36, pp. 146-155, 395, abril 1995.

Ele veio para que todos tenham vida (cf. Jo 10,10). Por isso, ele cura os leprosos, expulsa os demônios, perdoa os pecadores, abençoa as crianças...

No Evangelho de Mateus 11,2-5, João Batista envia seus discípulos a Jesus para perguntarem se ele é o Messias que há de vir. Jesus responde mostrando a sua prática: "cegos recuperam a vista, paralíticos andam, leprosos são curados, surdos ouvem, mortos ressuscitam e aos pobres se anuncia a Boa-Nova". Jesus cumpre as profecias messiânicas, que identificam o Messias mediante a realização de sinais prodigiosos (cf. Is 26,19; 29,18s; 35,5s; 61,1). Os sinais que realiza comprovam que ele é o Messias e que o Reino de Deus se realiza em sua pessoa.

Em Mateus 12,28, lemos: "Se expulso, no entanto, pelo Espírito de Deus, é porque já chegou até vós o Reino de Deus". Ao dominar os males físicos (doenças e ataques) e morais (pecado) das pessoas e vencer a própria morte, ele inaugura uma nova ordem das coisas. Agora vivemos a novidade do Reino, na qual é possível a plenitude do ser humano, longe de tudo que o escraviza, o diminui e impede a sua realização. Assim, os milagres e as curas dos cegos, epiléticos, endemoninhados, leprosos e, juntamente com eles, o perdão dos pecados comprovam e autenticam a sua investidura como Messias, Filho de Deus. Ele inaugura a vida nova à qual todos os que pertencem a esse Reino são chamados.

Os milagres evidenciam a identidade de Jesus. Ao vê-los, seus conterrâneos espontaneamente lhe perguntam: "Que é isto? [...] ele dá ordens até aos espíritos impuros, e eles lhe obedecem!" (Mc 1,27), ou ainda: "Quem é este, a quem obedecem até o vento e o mar?" (Mc 4,41). Um fato inédito surge entre os homens, e este fato inédito é o Messias assinalado por suas obras.

Educador na ótica de Jesus

A inclusão, sob a ótica de Jesus, contempla amar a pessoa diferente e discriminada pela sociedade, e aproximá-la da comunidade para ser acolhida, evangelizada e iniciada na fé.

Esse catequizando tem um propósito traçado por Deus, e você foi escolhido para evangelizá-lo, pois Deus assim o quer e para isso o chamou, o ungiu, o capacitou e colocou o amor necessário em seu coração para acolhê-lo, assim como Jesus espera ser acolhido por você.

Por possuir algum tipo de deficiência, muitos se escondem ou se isolam, permanecendo quase sempre quietos nas missas de nossa paróquia. Por isso, observe e vá ao encontro dessas pessoas, convidando-as para participarem da catequese e, possivelmente, de alguma pastoral paroquial.

Durante o transcorrer do encontro catequético, tome a decisão de evangelizar com amor, lembrando-se sempre de que este catequizando com algum tipo de deficiência é a própria pessoa de Jesus. Quanto mais o catequista exercita o amor, mais humano e mais parecido com Deus se torna.

Para que aconteça uma catequese com qualidade para todos, citamos *cinco pilares fundamentais.*

Aprender a amar

Se Jesus convivesse com os deficientes nos dias de hoje também agiria com amor, solidariedade e misericórdia. Lemos na 1 Carta de João 4,7: "Porque o amor vem de Deus e todo aquele que ama nasceu de Deus e conhece a Deus". O catequista inclusivo desenvolve os sentimentos de Jesus para aprender a amar como ele. "Haja entre vós o mesmo sentir e pensar que no Cristo Jesus", nos ensina Paulo (Fl 2,5). E, a partir daí, assume atitudes de ir ao encontro; fazer-se um com os catequizandos; torná-los sujeitos; superar os diferentes níveis e formas de marginalização, assim como Jesus amou e deu sua vida na cruz.

O catequista que se abre ao amor de Deus e ao amor dos irmãos é aquele que está fazendo a experiência do amor em sua vida de batizado e de vocacionado a este ministério: "Quem não ama, não chegou a conhecer a Deus, pois Deus é amor" (1Jo 4,8). O amor deve ser o cerne e o ápice da vida de um catequista, pois é através do amor que tem por Deus e da sua intimidade com ele que irá fazer frutificar sua missão catequética, chegando a transformar a própria sociedade. O exercício do amor exigirá, do catequista, acima de tudo perseverança em suas ações.

Aprender a rezar

No dia a dia, o catequista, unido a Jesus, reza e aprende através do exercício da oração. "Tudo o que pedirdes na oração, crede que já o recebestes, e vos será concedido" (Mc 11,24). Os discípulos pediram a Jesus que lhes ensinasse a orar, e Jesus rezou com eles o Pai-Nosso.

O catequista, uma vez unido ao coração do Pai, deve entregar-se verdadeiramente a ele: "Seja feita a vossa vontade, assim na terra como no céu". Assim, estará aberto a receber do coração do Pai o que for de acordo com a vontade dele e o que resultará no melhor para sua vida.

Lembre-se de que, antes de qualquer oração, devemos em primeiro lugar invocar o Espírito Santo, pois ele sabe o que devemos pedir e como. Através dele aprendemos a fazer o encontro da catequese inclusiva acontecer.

Aprender a evangelizar

O catequista é enviado por Deus para uma missão. Sua experiência de fé leva-o à missão de evangelizar que seu chamado comporta: anunciar a Boa-Nova especialmente aos catequizandos e suas famílias.

O aprender a evangelizar do catequista reporta-se à passagem do Evangelho de Mateus 9,35, na qual Jesus ia passando por todas as cidades e povoados, ensinando nas sinagogas, pregando a Boa-Nova do Reino e curando todas as enfermidades e doenças. O catequista cumpre o que Jesus diz: "Ide pelo mundo inteiro e anunciai a Boa-Nova a toda criatura!" (Mc 16,15).

Aprender a esperar

"Há um momento oportuno para cada coisa debaixo do céu", nos diz Eclesiastes 3,1. O tempo de Deus não é o tempo do catequista. O ser humano vive no *Chronos* marcado pela morte, e o cristão vive no *Kairós*, no tempo propício da manifestação da graça de Deus. Este é o tempo de espera da ação de Deus, e o catequista deve exercitá-lo com paciência, como está em Eclesiástico 2.

Este saber esperar a ação de Deus estimula o catequista a ser perseverante na oração, que é o "combustível" principal para o seu crescimento pessoal e espiritual.

Aprender a catequizar com Maria

O catequista tem como exemplo Maria, primeira catequista e fiel discípula, que "teve a missão única na história da salvação, concebendo, educando e acompanhando o seu filho até seu sacrifício definitivo".[3]

---

[3] *Documento de Aparecida*, n. 267.

Maria, sem medo, disse sim à vontade de Deus e permaneceu fiel. Dela, o catequista aprende suas virtudes, seu exemplo de oração, silêncio interior, escuta da Palavra de Deus, e obediência ao ensinamento de Jesus, assim como disse em Caná: "Fazei tudo o que ele vos disser!" (Jo 2,5).

A espiritualidade do catequista se baseia na ação missionária de Maria, que assume ser a interlocutora do Pai no seu projeto de enviar o Verbo ao mundo para a salvação da humanidade.[4] Ela é exemplo de amor incondicional, de fidelidade ao projeto do Pai e de serviço aos irmãos. Ela nos ensina a:

- *escutar*: "guardava todas estas coisas, meditando-as no seu coração" (Lc 2,19);
- *obedecer*: "Eis aqui a serva do Senhor! Faça-se em mim segundo a tua palavra" (Lc 1,38);
- *sermos castos*: "nasceu da Virgem Maria..." (oração do Creio);
- *servir ao próximo*: "Com os olhos postos em seus filhos e em suas necessidades, como em Caná da Galileia, Maria ajuda a manter vivas as atitudes de atenção, de serviço, de entrega e de gratuidade que devem distinguir os discípulos de seu Filho".[5]

---

[4] Cf. *Documento de Aparecida*, n. 266.
[5] *Documento de Aparecida*, n. 272.

A Igreja é inclusiva

A Igreja faz memória dos ensinamentos deixados por Jesus: "Amai-vos uns aos outros, como eu vos amei e amai ao próximo como a ti mesmo", eis o antídoto contra o preconceito existente na sociedade. No coração da Igreja, a pessoa com deficiência deverá encontrar amor e acolhida para sentir-se protagonista da ceia nupcial de Jesus por meio de sua participação nos sacramentos, como sacerdote, profeta e rei, fazendo parte do Corpo de Cristo.

A Igreja é inclusiva por seus dons e objetivo: levar o amor de Cristo aos corações. Na 1 Carta aos Coríntios, diz Paulo:

> Há diversidade de dons, mas o Espírito é o mesmo. Há diversidade de ministérios, mas o Senhor é o mesmo. Há diferentes atividades, mas é o mesmo Deus que realiza tudo em todos. A cada um é dada a manifestação do Espírito, em vista do bem de todos (1Cor 12,4-7).

A Igreja, Corpo de Cristo, é formada por muitos membros, mas nem todos fazem a mesma coisa, cada um tem sua função, cujo objetivo é fazer crescer este Corpo por meio do testemunho do amor, deixado por Jesus e vivido por seus membros.

Na celebração Eucarística, este Corpo aparece unido e articulado em um só Espírito nos seus vários membros. É o Espírito Santo quem suscita inúmeros carismas e ministérios na Igreja para a edificação do Corpo do Senhor, "todos nós bebemos de um único Espírito" (1Cor 12,13).

Assim como várias frutas, com seus mais diferentes sabores e cores, formam um belo prato de sobremesa, igualmente a comunidade – cuja etimologia latina: *communis*, "comum, geral, compartilhado por muitos, público", e *unitas*, "qualidade do que é único ou indivisível" – revela que formamos a unidade no interior da Igreja.

> Há um só corpo e um só Espírito, como também é uma só a esperança à qual fostes chamados. Há um só Senhor, uma só fé, um só batismo, um só Deus e Pai de todos, acima de todos, no meio de todos e em todos. A alguns ele concedeu serem apóstolos; a outros profetas; a outros, evangelistas; a outros, pastores e mestres. Assim, ele capacitou os santos para a obra do ministério, para a edificação do Corpo de Cristo (Ef 4,4s.11-12).

Aqui encontramos o chamado para sermos catequistas inclusivos.

Uma vez batizados, crismados e participantes da Eucaristia, recebemos a comum dignidade de filhos de Deus, temos o sagrado dever de assumir a responsabilidade da edificação da Igreja segundo o dom e a graça que Cristo concedeu a cada um. Sem exceção, somos chamados a viver o Evangelho na caridade e a testemunhá-lo diante do mundo através da Palavra e da própria maneira de viver. Somos todos missionários para que nossa sociedade, a exemplo de Jesus e por meio de nosso testemunho inclusivo, se torne também inclusiva e tenha vida em abundância.

Assim como Cristo se imola no altar, para que nele tenhamos vida, também nós, membros da Igreja, deixamos de lado nossos interesses particulares em benefício da comunidade da qual fazemos parte. Este é o espírito verdadeiramente Eucarístico de se viver como Igreja, e em comunhão na diversidade.

Assim, descobrimos e vivenciamos que somos membros de um só corpo, cada qual com seu carisma próprio e seu lugar na comunidade, para realizar, em nossa sociedade, o Reino do Pai com espírito de fé e solidariedade.

É importante que a pessoa com deficiência se valorize e seja valorizada e, também, que coloque suas capacidades a serviço de todos, sem se isolar, acreditando no seu potencial, e sem ter medo de colocar seus dons a serviço de Deus e dos irmãos que convivem com ela na comunidade.

As pessoas com deficiência devem ser inseridas nos grupos comuns de catequese, de pastoral, de liturgia etc. Não devem ser segregadas em grupos separados, ou seja, não se deve ter na paróquia uma sala de encontros isolada das demais, apenas composta de pessoas com deficiência ou, por exemplo, uma celebração eucarística apenas com a participação de pessoas com deficiência, pois isso seria uma pseudoinclusão.

Incluir as pessoas com deficiência na comunidade de fé é o mesmo que proporcionar sua participação e a socialização nos ambientes e nas celebrações com os demais membros atuantes nas pastorais e na comunidade como um todo, que faz parte do corpo eucarístico de Jesus.

Os sacramentos

A participação continuada nos sacramentos é a inclusão propriamente dita da pessoa na comunidade. O amor de Deus pelas pessoas com algum tipo de deficiência é muito grande.

Jesus, no Evangelho de Lucas 14,15-24, ilustra este amor através da parábola da grande festa. Esta parábola é inclusiva, pois os excluídos pela sociedade são os convidados *vips*, chamados a se sentarem à mesa do Reino com Jesus para receber os sacramentos. Cada um de nós, catequistas, somos os promotores desta festa, porque somos responsáveis pelo convite aos catequizandos com deficiência.

Pastoral da Pessoa com Deficiência

A Pastoral da Pessoa com Deficiência busca *incluir esses indivíduos* na sociedade, lutando pela ruptura dos paradigmas sociais, que os impedem de serem aceitos como cidadãos críticos, autênticos, e capazes de refletir, amar e agir como tal.

Esta pastoral auxilia as famílias desde o nascimento dos filhos com deficiências, orientando os pais sobre como acolhê-los e sobre os possíveis encaminhamentos a médicos especializados. Em se tratando de jovens, promove seu direcionamento ao mercado de trabalho.

A Campanha da Fraternidade desenvolvida ao longo de 2006 veio fortalecer as Pastorais Diocesanas da Pessoa com Deficiência.

Objetivo geral

Valorizar as pessoas com deficiência, visando torná-las evangelizadoras dentro da comunidade e da sociedade como um todo, respeitando seus limites e suas realidades.

Objetivos específicos

- buscar uma sociedade com acesso, qualidade e lugar para todos;

- formar agentes para este trabalho;
- conscientizar a família, clarear as mentalidades, buscando maior integração familiar;
- sensibilizar a comunidade com relação às pessoas com deficiências;
- promover a integração na sociedade;
- denunciar as discriminações;
- desenvolver a autoestima das pessoas com deficiência;
- criar linhas de ação;
- organizar as famílias e a comunidade para refletir sobre o assunto;
- preparar cursos e encontros de formação;
- elaborar, incentivar e coordenar esta pastoral nas paróquias;
- denunciar situações discriminatórias e de exclusão;
- prevenir as várias formas de deficiência;
- promover atitudes fraternas;
- criar estratégias;
- desenvolver atividades conjuntas;
- procurar orientar as famílias com relação à busca de tratamento;
- reunir-se em celebrações específicas;
- convidar pessoas da área de dependência física e psíquica para encontros e palestras formativas.

Organização

- montar equipes nas paróquias;
- fazer reuniões periódicas para discutir, preparar, organizar e designar pessoas para realizarem as atividades;
- implantar a Pastoral da Pessoa com Deficiência nas paróquias.

É possível começar

Na Diocese de Santo Amaro, na cidade de São Paulo, funciona, desde 2004, a Pastoral da Pessoa com Deficiência, que é fundamentada na Declaração Universal dos Direitos Humanos (1948), na Declaração de Salamanca (1994) e no Evangelho de Marcos 3,3, conhecido como o evangelho da cura.

Esta pastoral luta pela promoção das pessoas com deficiência e pela ruptura dos paradigmas sociais, que ainda impedem que elas sejam aceitas como cidadãs capazes de refletir e de exercer sua cidadania.

Uma das ações da pastoral consiste em trabalhar, à luz do Projeto Diocesano de Catequese Inclusiva, *uma catequese de qualidade para todos.* Um dos frutos de tal projeto foi o processo de iniciação à vida eucarística de um catequizando autista, no ano de 2005.

Primeira Eucaristia

Thaís e Henrique.

Henrique, esse é o nome do meu catequizando autista que recebeu o sacramento da Primeira Eucaristia, no dia 5 de outubro de 2005, cuja celebração marcou a história da Paróquia São José – Setor Sabará, onde ele foi o primeiro catequizando com deficiência a receber os sacramentos. Ele participou o ano todo, frequentando os encontros aos sábados. Vinha acompanhado da mãe, que também recebeu pela primeira vez o sacramento da Eucaristia.

Acessibilidade no interior das paróquias

As igrejas e os demais lugares devem prestar-se à execução das ações sagradas e à ativa participação dos fiéis. O povo de Deus, que se reúne para a missa, constitui uma assembleia orgânica e hierárquica [...] deve constituir uma unidade íntima e coerente pela qual se manifeste com evidência a unidade de todo o povo de Deus.

Por isso, evitem qualquer tipo de individualismo ou divisão, considerando sempre que todos têm um único Pai nos céus e, por este motivo, são todos irmãos entre si. Formem um único corpo...[1]

Essencialmente acessível, a Igreja faz memória da acolhida de Jesus aos excluídos de sua época, sem discriminar ninguém. Por isto mesmo, o lugar físico da igreja deverá refletir essa acessibilidade, assim como nenhuma barreira física poderá impedir a reunião de *toda a comunidade,* para que possa, de fato, ser o sacramento do Corpo de Cristo e, dessa forma, manifestar com plenitude a sua presença de ressuscitado. "Pois onde dois ou três estiverem reunidos em meu nome, eu estou ali, no meio deles" (Mt 18,20).

---

[1] ALDAZÁBAL, José (com.). *Instrução Geral do Missal Romano.* 3. ed. São Paulo: Paulinas, 2007, nn. 95-96.

Por que incluir pessoas com deficiência no interior da comunidade? Porque são batizadas, membros de pleno direito. Porque têm o mesmo direito que as demais pessoas de frequentar os encontros, como está na Declaração Universal dos Direitos Humanos (1948).

Para uma paróquia ser inclusiva, precisa primeiramente acreditar no princípio de que todos podem aprender e ser evangelizados, cada um a seu tempo e limite. O que significa dizer que a criança que apresenta, por exemplo, determinado grau de comprometimento cognitivo pode ser sim evangelizada.

Na catequese inclusiva, TODOS aprendem e são evangelizados, mesmo que em tempos diferentes.

Proporcionar acesso é acolher

A arquitetura do interior e exterior das igrejas, sempre em comunhão com a arte e a liturgia, suscita o tema da acessibilidade, palavra essa que vem do latim *accessibilitas/atis*, e que significa "livre acesso, possibilidade de aproximação" – termo usado atualmente como uma bandeira para que os olhares voltem-se especificamente para os indivíduos com algum tipo de deficiência física e/ou mobilidade reduzida que se deparam diariamente não só com as *barreiras atitudinais*, mas também com as barreiras *arquitetônicas dos templos e edifícios*.

O acesso na paróquia possibilitará a comunhão da pessoa com deficiência com a Palavra de Deus, e a acolhida constituirá uma característica das pastorais e movimentos.[2]

---

[2] Sugere-se ler: PEREIRA, José Carlos. *Pastoral da acolhida*; guia de implantação, formação e atuação dos agentes. São Paulo: Paulinas, 2008.

Obstáculos comuns

1. *Barreiras físicas*: impedem que a pessoa com deficiência acesse, saia ou permaneça em determinado local. Temos como exemplo: escadas, portas estreitas que impedem a circulação de cadeira de rodas, falta de informações em braille para deficientes visuais, falta de sinalização visual para deficientes auditivos.

2. *Barreiras atitudinais*: são os preconceitos, estigmas e estereótipos, como, por exemplo, achar que determinado tipo de deficiência é contagiosa, discriminar pessoas com base em sua condição física, mental ou sensorial.

Medidas práticas

Para que nossas paróquias sejam, de fato, lugar de unidade, de reunião fraterna de todos, há que se adaptar às medidas do Símbolo Internacional de Acesso (SAI), que tem padrão internacional de cores e proporções e deve constar em todos os locais adaptados e reservados para pessoas com deficiência ou mobilidade reduzida. Deverá estar acompanhado de símbolos indicativos dos diversos usos da edificação, como banheiros, rotas de fuga e equipamentos acessíveis.

Símbolo internacional de acesso.

Símbolo internacional de surdez.

Símbolo internacional de cegueira.

As sinalizações visual, tátil e sonora devem ser aplicadas em conjunto e apresentar informações essenciais através dos "símbolos internacionais de acesso". Os símbolos apresentados pela NBR 9050 – Norma Brasileira que trata da "Acessibilidade a edificações, mobiliário, espaços e equipamentos urbanos" – são confeccionados através de conceitos internacionais de sinalização visual, dando um caráter de alta legibilidade ao pictograma. A norma especifica combinações que variam de acordo com a iluminação do ambiente, o contraste e a pureza da cor; e ainda normatiza quanto à redação dos textos de orientação, sua distância em relação ao observador, e o dimensionamento de letras e números.

Sinalização tátil: refere-se às informações em braile dirigidas às pessoas com deficiência visual.

Sinalização sonora: será utilizada por pessoas com deficiência visual que caminhem a pé até a paróquia, por exemplo. Refere-se ao semáforos sonorizados instalados nas vias de maior movimentação da cidade, onde o pedestre deve apertar o botão e segurá-lo até ouvir um bipe.

Depois, ele deve aguardar um sinal sonoro que indica que pode atravessar. No fim do tempo da travessia, o bipe fica mais rápido, concluindo o tempo de passagem. Ao mesmo tempo que sinaliza o momento para que os pedestres atravessem por meio de sinal de luz, o semáforo também emite um alerta sonoro de baixa intensidade para que deficientes visuais e pessoas com baixa visão possam fazer a travessia com segurança. Pouco antes de encerrar o tempo para passagem, o sinal muda o ritmo, indicando que se deve aguardar na calçada.

Sinalização tátil: seja ela de alerta ou direcional, é integrada ou ainda sobreposta ao piso comum, com o objetivo de alertar ou direcionar o pedestre, fazendo parte da chamada "rota acessível". A sinalização de alerta deve ser instalada nos rebaixamentos de calçadas, no início e término de escadas (fixas e rolantes), rampas, junto às portas dos elevadores, entre outros. E a direcional é "utilizada em áreas de circulação na ausência ou interrupção da guia de balizamento", e serve para indicar o caminho a ser percorrido, sendo utilizada também em espaços amplos.

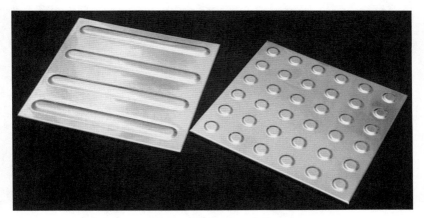

Exemplos de piso tátil.

Sanitários: devem ser adaptados às pessoas com deficiência e/ou mobilidade reduzida, possuindo 5% do total de cada peça sanitária. Precisa estar localizado em rota acessível, ter dimensões mínimas de 1,50 x 1,70 m, contendo espaço de transferência, área de manobra, um vaso sanitário com altura de 46 cm, um lavatório que garanta aproximação frontal e altura entre 78 e 80 cm. Além de ter porta, com no mínimo 80 cm, livre para passagem e que abra para fora do boxe, e abrigar barras de apoio com material resistente e fixadas em superfícies rígidas e estáveis.

Rampas: devem-se prever rampas de acesso com inclinações (entre 6% e 8%), pausas adequadas (para descanso, se muito extensas) e largura compatível (mínima de 1,20 m livre), de forma que possibilite um acesso independente e seguro; pisos antiderrapantes; instalação de corrimãos com apoio, em alturas diferentes, para atender tanto quem se locomove a pé quanto quem usa cadeira de rodas.

Imagem de um cadeirante em rampa de acesso.

Estacionamento: a vaga reservada para pessoas com deficiência deverá prever, além do espaço para o veículo, uma faixa de circulação adicional à vaga, estar localizada próxima ao acesso principal do edifício, garantindo que o caminho esteja livre de barreiras, ter piso nivelado e estável e ser devidamente sinalizada.

Assentos: os espaços para cadeiras de rodas devem ser integrados aos demais assentos da assembleia, estar, de preferência, em locais de fácil acesso, conforto e boa visibilidade, não obstruir a visão de quem está sentado atrás, ser sinalizados com o Símbolo Internacional de Acesso. O espaço para estacionar a cadeira de rodas deve ter 0,80 x 1,20 m e estar situado junto à cadeira para acompanhante.

Um alerta: de nada adianta adequação física, se estes espaços não forem inteiramente sinalizados com o rigor da norma.

Nas salas onde são ministrados os encontros, requer-se, por parte dos catequistas, uma atenção mais individualizada para com os catequizandos com deficiência, pois o objetivo é evangelizar a turma toda. Nesse local deve haver desde rampa de acesso, no caso de um cadeirante desejar participar, mobiliário acessível, banheiros adaptados, e até um catequista que ame seu chamado e vocação de ser catequista inclusivo.

Metodologia catequética inclusiva

> "Todas as vezes que fizestes isso a um destes mais pequenos, que são meus irmãos, foi a mim que o fizestes!"
>
> Mt 25,40

A palavra "método" é de origem grega – *odós*: caminho. Significa estrada que ajuda a chegar aonde se quer, isto é, alcançar a meta proposta.

A essência de todo método está no carisma do catequista, na sua sólida espiritualidade, em seu transparente testemunho de vida, no seu amor aos catequizandos, acima disso, na sua intimidade com Deus e na sua experiência de oração.

O catequista é um mediador que facilita a comunicação entre os catequizandos e o mistério de Deus, das pessoas entre si e com a comunidade. Com seu jeito de ser, olhar, escutar, falar, sorrir, questionar, trabalhar, agir, perdoar, amar, fazer caridade, ele faz parte do método catequético. Comunica-se através da linguagem verbal e não verbal (gestos e símbolos), produz ações criativas e dinâmicas, torna-se caminho de construção, instrução e desconstrução.

Um método supõe sempre uma ação comunitária: ele passa pela partilha em grupo e aproveita os espaços onde há reflexão, planejamento, ação e avaliação. É uma experiência de convivência e de amizade que transforma as pessoas.

O *método catequético* é um caminho a ser trilhado, a ser construído. E supõe uma ação de planejamento que requer do catequista:
a) domínio do conteúdo a ser transmitido (o que irei ensinar?);
b) conhecimento da realidade e da vida dos catequizandos (quem é esse catequizando? Ele tem uma história que eu, enquanto catequista, preciso conhecer?). Evangelizar sempre partindo da realidade dos catequizandos;
c) objetivos claros e concretos (por que transmitir determinado conteúdo? Qual a finalidade?);
d) discernimento para escolher o melhor caminho, o método mais apropriado (como explicarei o conteúdo para determinado catequizando? Como agirei com aquele que tem deficiência?);
e) organização para administrar bem o tempo do planejamento catequético estabelecido (quando?);
f) clareza quanto à razão da sua missão e o caminho a ser percorrido (por que sou catequista? – resgate da identidade catequética).

Pedagogia catequética inclusiva

A prática inclusiva com a possibilidade de evangelizar a todos requer uma reestruturação do projeto pedagógico-evangelizador da paróquia ou comunidade, com currículos e métodos adaptados às necessidades individuais. Lembrando sempre que, de acordo com cada deficiência, os conteúdos serão assimilados de uma certa maneira.[3]

---

[3] O tema sobre a pedagogia catequética inclusiva se completa com o que refletimos anteriormente na seção: "Sugestões para ensinar a turma toda".

O *planejamento* dos encontros deverá respeitar e se adequar às individualidades do catequizando com deficiência, conforme sua limitação de comunicação.

O catequista deve sempre trabalhar em conjunto com a família dos seus catequizandos, sejam eles com ou sem deficiência. Juntos, pais e catequistas encontrarão o melhor caminho de comunicação para possibilitar que o processo de evangelização chegue ao conhecimento dos catequizandos.

Em caso de suspeita de deficiência ou dificuldade de assimilação dos conteúdos, esta parceria de comunhão conduzirá a um diálogo objetivo. Caberá ao catequista orientar os pais a buscarem ajuda profissional para solucionar e até mesmo minimizar as situações vivenciadas nos encontros com o catequizando que apresenta algum tipo de dificuldade na assimilação de conteúdo ou aparentemente algum tipo de deficiência.

Nos casos de deficiências já diagnosticadas, a família deverá orientar o catequista sobre o melhor caminho a seguir.

O catequista divide com seus catequizandos os conhecimentos produzidos no encontro; ama e demonstra esse amor com a mesma predileção de Jesus pelos mais fracos ou com deficiência. Dispõe-se a romper paradigmas, aceitando mudanças, e a apoiar os catequizandos com dificuldades de aprendizagem, garantindo a participação plena e fazendo o processo evangelizador acontecer com espontaneidade e qualidade.

> Este modelo pedagógico busca:
> - promover situações de aprendizagem, objetivando práticas cooperativas nos encontros de catequese da paróquia;
> - estabelecer rotinas no encontro de catequese e na paróquia, para que todos recebam apoio necessário e participem de forma igual e plena;

- garantir boas condições para que sejam realizadas atividades na sala de catequese, de forma que possibilitem a participação de todos, inclusive dos que apresentam necessidades educacionais específicas;
- infundir os valores de respeito, solidariedade, cooperação, no projeto catequético.
- desenvolver uma rede de apoio constituída pelos catequizandos, pároco, pais, catequistas, para que troquem experiências com a finalidade de favorecer o processo de evangelização;
- examinar e adotar várias abordagens de ensino para trabalhar com os catequizandos com diferentes níveis de desempenho, segundo suas deficiências;
- comemorar os sucessos e a realização da evangelização, aprendendo sempre com os desafios.

Para exemplificar a concretização desta pedagogia, cito o projeto "Uma catequese de qualidade para todos", direcionado às crianças em fase de iniciação à vida eucarística e levado adiante pela Pastoral da Pessoa com Deficiência, da Diocese de Santo Amaro, na capital de São Paulo.

Este projeto tem os seguintes objetivos: incluir todas as crianças na catequese, inclusive aquelas com algum tipo de deficiência; incentivar os catequizandos a aceitarem Jesus naqueles com deficiências; reconhecer a individualidade de cada catequizando dentro da sua deficiência; conscientizar as pessoas envolvidas na Pastoral da Catequese; estruturar os encontros com atividades, para que os catequizandos se sintam acolhidos.

O ponto de partida do projeto é a reflexão de Marcos 3,1-6, cura em dia de sábado. A capacitação diocesana inclui, ainda, a exibição do filme *Procurando Nemo*.[4] Este aborda o início da vida estudantil de Nemo, um peixe palhaço que possui uma nadadeira menor do que a outra. Diante disso, surge a situação de inclusão aquática. Felizmente, Nemo é aceito no grupo dos animais que vão para a escola. A coragem e o companheirismo caminharão juntos e serão os passaportes essenciais para vencer o preconceito.

Em relação à catequese inclusiva, a coragem dos catequistas leva-os a aceitarem o desafio do seu chamado e o companheirismo inerente à sua própria vocação.

Atitudes do catequista

Diante de *distúrbios de comportamento*, o catequista poderá aplicar algumas técnicas que visem modificar o comportamento como:
- designar responsabilidades, como, por exemplo, deixar um dos catequizandos ser seu ajudante;
- estimular positivamente sempre, resgatando assim a dignidade do catequizando;
- ignorar comportamentos inadequados, quando possível;
- formar grupos de aprendizado cooperativo, com instruções e metas bem claras;
- desenvolver encontros catequéticos atrativos e motivadores;
- evitar a tendência de separação, própria deste tipo de distúrbio, e combinar ações em conjunto com todos os responsáveis pela criança;

---

[4] Produzido pela Disney em parceria com a Pixar (2003). Direção: Andrew Stanton e Lee Unkrich.

Diante das *dificuldades de aprendizagem*, o catequista poderá:
- permitir que um colega anote os tópicos mais importantes do encontro;
- oferecer algumas adaptações que o catequizando já usa na escola: caneta marca texto para acompanhar leituras, tarefas simplificadas, recursos visuais etc.;
- oferecer situações de ensino-aprendizagem prazerosas, lúdicas, que motivem a participação do catequizando;
- promover a melhora de sua autoestima;
- não comparar o aprendizado dele com o de outros colegas.

O encontro catequético

Sempre devemos pedir que o Espírito Santo ilumine e conduza nossos encontros. E lembremo-nos de que esses encontros não são aulas e que não há aluno nem professor, mas sim catequizando e catequista.

O encontro catequético é um espaço privilegiado de educação e amadurecimento da fé, uma feliz oportunidade para aprender, ensinar, sentir, criar, descobrir e experienciar a fé.

A comunidade será a escola de comunhão, lugar de acolhida, iniciação e testemunho de fé. O catequizando será motivado a participar e o catequista, por sua vez, deverá ter preparo e condições de testemunhar a fé que nasce da paixão por sua vocação.

O catequista deve iniciar o encontro acolhendo *todos* os catequizandos! Refletirá com eles sobre como gostariam de ser tratados, se fossem deficientes. É conveniente realizar essa pergunta na presença ou mesmo na ausência da pessoa com deficiência, pois ela conduzirá à reflexão do tema. Então, deve-se explicar como agir com os deficientes e lançar-lhes a seguinte pergunta: É algo negativo ou positivo, sermos diferentes uns dos outros? Por quê?

Ao ouvir as respostas, o catequista refletirá com o grupo: todos nós somos diferentes, porque cada um de nós é um ser único, feito à imagem e semelhança de Deus. A diversidade não é motivo de divisão, mas sim de união, visto que somos filhos de um mesmo Pai que ama os diferentes. Isso também vale no caso de pertencermos a diferentes igrejas, pois enriquecemos conforme nos abrimos e acolhemos os outros irmãos nas suas mais variadas expressões. Vivemos a unidade na diversidade. Todos nós, batizados, temos dons e talentos para partilhar com os outros.

Não há segredo no trabalho evangelizador inclusivo, a essência consiste em unir os talentos e viver a missão confiada por Deus a cada um de nós. Lembrando sempre que o catequista inclusivo evangeliza a todos.

Apresentamos duas sugestões de encontros, com a finalidade de criar consciência sobre a inclusão no grupo.

1º ENCONTRO
Todos somos filhos perante Deus

Atitudes

- Conscientizar-se sobre a diversidade dos seres humanos;
- Reconhecer e acolher o outro como imagem de Deus;
- Seguir o exemplo de Jesus;
- Contribuir para viver a partilha e a solidariedade;
- Respeitar as diferenças.

Dinâmica

➤ Recorte de jornais e revistas as partes de um corpo, como se fosse um quebra-cabeça. Convide os catequizandos a construírem um cartaz com essa figura, para se conscientizarem sobre a diversidade e compreenderem que *todos* são iguais perante Deus.

Inicie o seguinte diálogo:

– Pensem um pouco, individualmente e em silêncio, sobre como nos relacionamos com pessoas com deficiência, idosos, crianças pequenas etc.?
– Que tipo de diálogo estabelecemos com eles?
– Dialogamos com todos da mesma forma, ou sentimos algum retraimento quando nos encontramos com eles?
– E o que sentimos, quando conseguimos relacionar-nos bem com todos, apesar de sermos diferentes?
– Com que preconceitos nos deparamos na sociedade em que vivemos: na turma de amigos, na escola, na Igreja? Quando aparece uma pessoa nova, que não conhecemos, como a tratamos?
– Afinal, é bom ou ruim sermos diferentes uns dos outros? Por quê?

Ao dirigir as perguntas, procure ouvir atentamente. No fim do diálogo, realce: todos somos filhos de um mesmo Pai que ama os diferentes! Todos somos diferentes, porque cada um de nós é um ser único. A diversidade não deve ser motivo de divisão, mas de complementaridade e unidade. Devemos fazer da diversidade a unidade. A relação e a troca de experiência com os outros nos ajudam a descobrir e a desenvolver as nossas riquezas. O mesmo acontece com os grupos e comunidades: enriquecem-se mutuamente à medida que se abrem e acolhem os outros nas suas diferenças.

Vivência

Faça as perguntas a seguir aos catequizandos e aguarde a resposta:
- Como vamos testemunhar o modo de viver de Jesus, seus ensinamentos e o que aprendemos com ele, através das passagens no Evangelho, em nossa paróquia, em nossa casa e em nossa escola?
- Todos nós podemos realizar ações concretas para diminuir as situações de marginalização/exclusão identificadas em nossa sociedade?

Em seguida, afirme: todos nós, sem exceção, temos dons e riquezas para partilhar com os outros; ninguém é tão pobre que não tenha nada para dar, nem tão rico que não tenha algo a receber. Deus a todos acolhe de maneira igual!

2º ENCONTRO
Jesus Cristo não discrimina

Atitude

- Escutar os catequizandos sobre experiências de exclusão.

Dinâmica

- Apresentar os exemplos de inclusão realizados por Jesus;
- Refletir sobre o Evangelho de Mateus 8,5-13 – *o servo do centurião*. Para a sociedade da época, o *centurião* não só era estrangeiro, como também comandava tropas romanas que tinham invadido e ocupado a Judeia e o resto da Palestina. Era *estrangeiro e inimigo*. Ele tinha um servo muito doente e havia ouvido falar de Jesus e de seu poder.

Vivência

Pergunte aos catequizandos:
- Como reagiu Jesus ao pedido daquele que era considerado não só estrangeiro, mas também inimigo e opressor?
- Que atitudes devemos tomar diante das pessoas que são diferentes de nós?

Reflita com os catequizandos: para Deus não há excluídos. Até os inimigos de Deus são por ele amados e acolhidos. Esta é a mensagem que Jesus nos deixa no Evangelho: "Amai os vossos inimigos e orai por aqueles que vos perseguem!" (Mt 5,44).

Deus se volta de maneira especial para os pecadores e excluídos (estrangeiros, publicanos, mulheres, crianças, pobres e pessoas com deficiência).

Jesus, suma bondade, curou o servo a distância: perante a fé e a conversão do centurião. As curas físicas de Jesus eram o caminho para uma cura total. Como o centurião, temos consciência das nossas limitações e de nossa condição de pecadores. Para que obtenhamos a cura de Deus diante desses limites, sem exceção, devemos fazer a profissão de fé do centurião, que, com humildade, obteve a cura de que tanto necessitava. Por isso que ainda hoje rezamos na missa, antes da comunhão: "Senhor, eu não sou digno de que entreis em minha morada, mas dizei uma palavra e serei salvo".

Jesus ama as pessoas por elas próprias, pelo bem que lhes deseja, sem nada exigir. Daí o seu amor especial para com os mais desprotegidos, que nada podem dar em troca, a não ser a fé. Ele se dá de tal forma aos mais desprotegidos, que quem os acolher é ao próprio Jesus que estará acolhendo (cf. Mt 25,40).

As diferenças são um bem! Cada ser humano tem uma personalidade, uma história, uma família e vivências próprias. Mas é nesta diversidade que se encontra a riqueza da humanidade. Todas as pessoas têm um lugar e um papel específico a desenvolver neste mundo. E o mundo será melhor, mais rico, se cada um contribuir com aquilo que tem e é. Todos são chamados a ser sal da terra e luz do mundo (Mt 5,13-16).

Como catequizar de acordo com cada deficiência

"Demonstrar à pessoa com deficiência que é amada significa revelar que ela, aos nossos olhos, tem valor. A escuta atenta, a compreensão das necessidades, a partilha dos sofrimentos, a paciência no acompanhamento são outras formas de introduzir a pessoa com deficiência numa relação humana de comunhão, para lhes fazer compreender o seu valor, para tomarem consciência da sua capacidade de receber e doar amor."
Papa João Paulo II

Neste capítulo abordaremos como fazer para evangelizar as pessoas com deficiência, visto que, durante o encontro, o catequista é o responsável pela transmissão da fé e a interação do conhecimento dos catequizandos.

O processo de aprendizagem passa por três canais de comunicação:
- O *auditivo*: é o catequizando que aprende ouvindo. O catequista apenas explica e ele entende.
- O *visual*: esse aprende olhando e anotando tudo o que o catequista apresenta de exemplos visuais na sala.
- O *cinestésico*: ele aprende através do toque. Lembrando que não é necessário que o catequizando esteja olhando atentamente para o catequista, pois cada um aprende de uma maneira.

É recomendado que os três canais de comunicação: auditivo, visual e cinestésico, estejam em sintonia, para que seja garantido um efetivo aprendizado. De acordo com cada um desses canais, a estratégia do encontro deverá ser diferente, com algumas adaptações de atividades.

Deficiência auditiva

A deficiência auditiva, comumente conhecida como surdez, consiste na perda parcial ou total da capacidade de ouvir. É considerado surdo todo o indivíduo cuja audição não é funcional no dia a dia, e considerado parcialmente surdo todo aquele cuja capacidade de ouvir, ainda que deficiente, é funcional com ou sem prótese auditiva. A deficiência auditiva é uma das deficiências contempladas e integradas nas necessidades educativas especiais.

As pessoas confundem surdez com deficiência auditiva. Porém, estas duas noções não devem ser encaradas como sinônimos.

Quando se nasce surdo, a surdez é de origem congênita, isto é, não se tem a capacidade de ouvir nenhum som. Por consequência, surge uma série de dificuldades na aquisição da linguagem, bem como no desenvolvimento da comunicação. Por sua vez, a deficiência auditiva é um déficit adquirido, ou seja, é quando se nasce com uma audição perfeita e, devido a lesões ou doenças, ela é perdida. Nestas situações, na maior parte dos casos, a pessoa já aprendeu a se comunicar oralmente. Porém, ao adquirir esta deficiência, vai ter de aprender a se comunicar de outra forma. Em certos casos, pode-se recorrer ao uso de aparelhos auditivos ou a intervenções cirúrgicas (dependendo do grau da deficiência auditiva), a fim de minimizar ou corrigir o problema.

Libras

É a sigla de Linguagem Brasileira de Sinais, que é de origem francesa. Possui estruturas gramaticais próprias, combinadas em frases, e são compostas de variados níveis linguísticos: fonológico, morfológico, sintático e semântico.

A diferença entre as línguas de sinais dos demais idiomas está na sua modalidade visual-espacial. Além disso, elas diferem de um país para outro e recebem influências da cultura local.[1] Seu aprendizado é semelhante ao de qualquer outro idioma.

Sugestões para a catequese

Se o catequista não souber Libras, pode contar com a ajuda de gravuras adaptadas ao tema do encontro. E uma vez que o catequizando seja alfabetizado, pode-se passar-lhe o conteúdo dos encontros por escrito, caso a paróquia não utilize livro.

Faz-se necessário:

Uma catequese direta e de fácil compreensão, que exigirá do catequista ouvinte e até mesmo do catequista surdo uma preparação séria e contínua das temáticas: através das imagens e de figuras, de pequenos trechos de filmes, dos desenhos de acordo com a idade e faixa etária; o catequista precisa se inteirar da realidade que se lhe apresenta.[2]

---

[1] Fonte: <http://www.libras.org.br/libras.php>. Acesso em: 19 set. 2012.

[2] CNBB. REGIONAL SUL 2. *Pastoral dos Surdos rompe desafios e abraça os sinais do Reino na Igreja do Brasil*. São Paulo: Paulinas, 2006, p. 46.

Na confissão, caso o padre também não saiba Libras, basta que o penitente escreva seus pecados em um papel e entregue ao padre, e também há possibilidade de o catequista confeccionar umas fichinhas de confissão, com base nos dez mandamentos.

Deficiência visual

O termo deficiência visual refere-se a uma situação irreversível de diminuição da resposta visual, em virtude de causas congênitas ou hereditárias, mesmo após tratamento clínico e/ou cirúrgico e uso de óculos convencionais. A diminuição da resposta visual pode ser leve, moderada, severa, profunda (compõe o grupo de visão subnormal ou baixa visão) ou até há ausência total da resposta visual (cegueira).

Estudos desenvolvidos por Barraga distinguem três tipos de deficiência visual:[3]

- *Cegos*: têm somente a percepção da luz ou não possuem nenhuma visão e precisam aprender através do método Braille e de meios de comunicação que não estejam ligados ao uso da visão.
- Deficientes com *visão parcial*: têm limitações da visão a distância, mas são capazes de ver objetos e materiais quando estão a poucos centímetros ou no máximo a meio metro de distância.
- Deficientes com *visão reduzida*: são indivíduos que podem ter seu problema corrigido por cirurgias ou pela utilização de lentes.

---

[3] Cf. BARRAGA, Natalie Carter. Utilization of low vision in adults who are severely handicapped. *The New Outlook of the Blind*, v. 70, n. 5, pp. 177-181, may 1976. Disponível em: <http://ies.portadoresdedeficiencia.vilabol.uol.com.br/DeficienciaVisual.htm>. Acesso em: 15 ago. 2012.

A capacidade de aprendizagem de uma criança, adolescente ou jovem com deficiência visual não está diretamente relacionada com o seu grau de deficiência visual. Na verdade, tudo depende do momento em que ocorreu a perda da visão e da variedade e profundidade das experiências visuais anteriores a esta perda. Neste caso, o aprendizado ocorre de maneira concreta, e somente pode ser percebido se for próximo e adaptado a conteúdos concretos de maneira tátil.

Serão necessárias adaptações no espaço quanto a:
- conhecimento do ambiente;
- comunicação oral;
- boas condições de iluminação;
- organização do espaço e dos materiais;
- estratégias e recursos.

Sugestões para a catequese

Ao catequizando que não enxerga, recomenda-se o uso de gravuras em alto-relevo, de acordo com o tema do encontro, como, por exemplo: ao apresentar a multiplicação dos pães (Mt 14,13-21), pode-se apresentar a ele uma imagem de Jesus com o cesto de pães. Servindo-se de uma agulha e um pedaço de isopor, o catequista pode perfurar a imagem do lado contrário, de forma que esta fique em alto-relevo, acompanhando o desenho da figura, o que permitirá que o catequizando passe o dedo sobre a ilustração e a relacione com o tema. Também neste caso, pode levar um pão para o encontro.

Os temas dos demais encontros devem estar sempre adaptados ao catequizando com deficiência visual. Estes exemplos concretos, referentes aos encontros, devem ser apresentados não só a ele, mas a todo o grupo.

É importante que o catequista situe este catequizando na sala de catequese, ou seja, avise onde estão os colegas, o catequista, a mesa do catequista, a lousa... E caso algum móvel seja mudado de lugar, é importante que ele seja avisado e que se lhe apresente a nova posição adotada, evitando, assim, acidentes na sala de catequese.

O catequista deve ter uma boa comunicação oral, ser objetivo na explicação dos assuntos abordados, mas jamais deve gritar ou falar alto com este catequizando, pois ele apenas não enxerga, o que não significa que também não escute.

Primeiramente, o catequista tem que verificar qual é o tipo de deficiência: se é perda total de visão (não enxerga ou apenas percebe a claridade), baixa visão (apenas percebe imagens em tamanhos ampliados), ou capacidade visual reduzida. É necessário adquirir este tipo de informação para poder escolher os recursos didáticos adequados a serem utilizados durante o encontro.

A ampliação de textos e figuras será suficiente, em alguns casos, para o ensino do catequizando com baixa visão.[4]

Analfabetismo

Embora este catequizando não saiba ler nem escrever, nada impede que seja evangelizado, aprenda sobre Deus. Basta que abra o coração.

Sugestões para a catequese

Usar figuras para evangelizar este catequizando, pois isso irá enriquecer seu conhecimento. Ainda que não saiba ler

---

[4] Sugerimos as seguintes leituras: COTES, Claudia. *Dorina viu*. São Paulo: Paulinas, 2007. AZEVEDO, Alexandre. *O menino que via com as mãos*. Ilustr. Grego. São Paulo: Paulinas, 2012.

nem escrever, pode compreender os encontros de acordo com seu tempo e ritmo.

Distúrbios da fala – Dislalia

A dislalia é um distúrbio da fala caracterizado pela dificuldade em articular as palavras. Basicamente consiste na má pronúncia das palavras, seja omitindo, seja acrescentando fonemas, trocando um fonema por outro ou ainda distorcendo-os ordenadamente.

A falha na emissão das palavras pode ainda ocorrer em fonemas ou sílabas. Assim, os sintomas da dislalia consistem em omissão, substituição ou deformação dos fonemas.

De modo geral, a palavra do dislálico é fluida, embora possa ser até ininteligível, podendo o desenvolvimento da linguagem ser normal ou levemente retardado. Não se observam transtornos no movimento dos músculos que intervêm na articulação e emissão da palavra.[5]

Sugestões para a catequese

Caso perceba alterações na fala de algum catequizando, o catequista deve evitar criar constrangimentos no encontro ou chamar a atenção para o fato.

É importante que o catequista articule bem as palavras, fazendo com que o catequizando perceba claramente todos os fonemas. Repita somente o modo correto de pronunciar a palavra para que o catequizando não fixe a forma errada.

---

[5] Fonte: <http://www.clubedafala.com.br/dislalia.html>. Sugerimos a leitura complementar: SANS FITÓ, Anna. *Por que é tão difícil aprender?*; o que são e como lidar com os transtornos de aprendizagem. São Paulo: Paulinas, 2012, pp. 173-190.

Dislexia

A dislexia (do grego: *dus* = difícil, dificuldade; *lexis* = palavra) é um transtorno do funcionamento cerebral que depende da ativação integrada e simultânea de diversas redes neuronais para decodificar as informações. Quando isso não acontece, ocorre a desordem no caminho das informações, o que dificulta o processo da decodificação, acarretando o comprometimento da escrita. Isto se dá, por exemplo, na junção das letras do alfabeto para a formação das palavras.

A dislexia, conhecida como dificuldade específica para a leitura, é um transtorno que faz com que a criança não consiga ler de maneira adequada. O disléxico lê com pausas e correções, muda as letras de lugar, inverte sílabas, mas consegue entender o que leu.[6] O maior equívoco é exigir que os disléxicos escrevam como os demais alunos.

"As inversões, omissões e substituições de letras ou sílabas, que com frequência os disléxicos cometem, são causadas por um defeito nos sistemas cerebrais envolvidos na linguagem."[7]

Na idade escolar, inúmeros são os problemas que uma criança disléxica irá apresentar, dentre eles:
- desatenção e dispersão;
- dificuldade em copiar;
- dificuldade em manusear mapas e dicionários;
- dificuldade na memória de curto prazo, como instruções, recados etc.
- dificuldade em decorar sequências, como meses do ano, alfabeto, tabuada etc.

---
[6] Cf. SANS FITÓ, Anna. *Por que é tão difícil aprender?*, cit., p. 13. Sugerimos a leitura complementar de todo o capítulo, pp. 13-47.

[7] Cf. ibid., p. 13.

Sugestões para a catequese

Usar figuras e explicações orais para que tal catequizando consiga assimilar o tema dos encontros com mais facilidade.

Evitar solicitar-lhe que leia, por exemplo, passagens bíblicas em voz alta. Para que entenda as datas litúrgicas, faz-se necessário associar a data com uma figura correspondente. Por exemplo: Páscoa, Ressurreição de Jesus, Pentecostes, apresentar uma imagem com a descida do Espírito Santo, ou sobre o Natal, o nascimento etc.

Para explicar sobre os Evangelhos, o processo é o mesmo: através de imagens. Esclarecer que, na Bíblia, o número maior refere-se ao capítulo e o menor, ao versículo.

Disortografia

A disortografia é a incapacidade de relacionar a linguagem com a gramática. É possível classificá-la em dois tipos:

- *De origem auditiva:* quando as substituições de letras se dão em relação a sons acusticamente próximos. São fonemas que se opõem pelo traço de sonoridade (sonoro/surdo). Exemplos: P/B = pola/bola; T/D = tato/dado; X/CH-J/G = juva/chuva.
- *De origem visual:* mais frequentes que as auditivas, refletem falhas na percepção e na memória visual. Exemplos: S/C/SS/; Ç/SC/X/; M/N/; J/G; L/U; X/Z/S.

Sugestões para a catequese

Jamais solicitar que esse catequizando leia em voz alta para o grupo, pois ele apresenta dificuldade em reconhecer as sílabas tônicas. Catequizá-lo oralmente.

Disgrafia

Disgrafia é uma palavra de origem grega: *Dys* = dificuldade; difícil, e *graphos* = grafia. É uma inabilidade ou atraso no desenvolvimento da linguagem escrita, especialmente da escrita cursiva, problema motor que prejudica a escrita.

Para a criança que tem esse problema, escrever no teclado de um computador pode ser muito mais fácil que para o disléxico, que possui dificuldade na leitura, escrita e para soletrar. Na escrita manual, as letras podem ser mal grafadas, borradas ou incompletas, com tendência à escrita em letra de forma. Os erros ortográficos, inversões de letras, sílabas e números e a falta ou troca de letras e números ficam caracterizados com muita frequência.

Sugestões para a catequese

Evangelizar tal catequizando oralmente e, também, através de figuras. O catequista deve evitar pedir que ele copie alguma palavra ou texto da lousa.

Discalculia

As dificuldades com a linguagem matemática são muito variadas em seus diferentes níveis e complexas em sua origem. Podem evidenciar-se já no aprendizado aritmético básico, ou, mais tarde, na elaboração do pensamento matemático mais avançado. Embora essas dificuldades possam manifestar-se sem nenhuma inabilidade em leitura, há outras que são decorrentes do processamento lógico-matemático da linguagem lida ou ouvida. Também existem problemas advindos da imprecisa percepção de tempo e espaço, como na apreensão e no processamento de fatos matemáticos, em sua devida ordem.[8]

Sugestões para a catequese

Este catequizando apresenta apenas dificuldades com números. Sendo assim, a evangelização deve ser feita de maneira comum, como para os demais catequizandos.

Transtorno de Déficit de Atenção com Hiperatividade (TDAH)

Nesse caso, a criança não consegue controlar o próprio comportamento. Tem dificuldade de se concentrar e de manter a atenção para discriminar, compreender e assimilar o foco central de um estímulo. Esse estado de concentração é fundamental para que, através do discernimento e da elaboração do ensino, possa completar-se a fixação do aprendizado.

A deficiência de atenção pode manifestar-se isoladamente ou associada a uma linguagem corporal que caracteriza a hiperatividade ou, opostamente, a hipoatividade.

Sugestões para a catequese

Estimular esse catequizando através de exemplos, partindo sempre de seus conhecimentos prévios. E também utilizar figuras. O catequista deve despertar o interesse sobre o tema, fazendo-o sentir-se motivado, para permanecer atento às explicações.

---

[8] Sugerimos a leitura complementar: ibid., pp. 191-202.

Hiperatividade

Refere-se à atividade psicomotora excessiva, com padrões diferenciais de sintomas. O jovem ou a criança hiperativa, com comportamento impulsivo, fala sem parar e nunca espera a sua vez, interrompendo e atropelando tudo e todos. Por agir sem pensar e sem medir as consequências, está sempre envolvida em pequenos acidentes, apresentando escoriações, hematomas, cortes.[9]

Um segundo tipo de hiperatividade tem como característica mais pronunciada a dificuldade de manter o foco de atenção. Isso é causado por uma superestimulação nervosa, levando esse jovem ou essa criança a passar de um estímulo a outro, sem conseguir focar em um único tópico. Assim, dá a falsa impressão de que é desligada, mas, ao contrário, é por estar ligada em tudo, ao mesmo tempo, que não consegue concentrar-se em um único estímulo.

Sugestões para a catequese

Apresentar a esse catequizando jogos sobre a Bíblia, passatempos bíblicos, figuras bíblicas para colorir relacionadas ao tema do encontro.

Hipoatividade

Os indivíduos atingidos pela hipoatividade se caracterizam por um baixo nível de atividade psicomotora. É aquela criança que parece estar sempre no "mundo da lua e sonhando acordada". O hipoativo apresenta pouca memória e falta de interação social.

---

[9] Sugerimos a leitura complementar: ibid., pp. 49-114.

Sugestões para a catequese

Para integrar este catequizando com os demais, o catequista deve criar trabalhos em grupo, estimulando e incentivando sua participação nos encontros.

É muito importante que o catequista sempre o elogie e que utilize exemplos concretos relacionados ao seu dia a dia, para que se sinta participante da reflexão do encontro.

Deficiência física

Alteração completa ou parcial de um ou mais segmentos do corpo humano, acarretando o comprometimento da função física, apresentando-se sob a forma de paraplegia, paraparesia, monoplegia, monoparesia, tetraplegia, tetraparesia, triplegia, triparesia, hemiplegia, hemiparesia, ostomia, amputação ou ausência de membro, paralisia cerebral, nanismo, membros com deformidade congênita ou adquirida, exceto as deformidades estéticas e as que não produzam dificuldades para o desempenho de funções.[10]

É considerado com multideficiência profunda todo aquele que tem uma deficiência motora de caráter permanente, ao nível dos membros inferiores ou superiores, de grau igual ou superior a 60%.[11]

Sugestões para a catequese

Este catequizando apresenta apenas dificuldade de locomoção, talvez utilize muletas ou cadeiras de rodas, mas não

---

[10] Fonte eletrônica: <http://www.desenvolvimentosocial.sp.gov.br/a2sitebox/arquivos/documentos/274.pdf>. Acesso em: 11 dez. 2012.

[11] Sugerimos a leitura complementar de: POSSATI, Neusa Jordem. *Ciça*. Ilustr.: Renato Alarcão. São Paulo: Paulinas, 2010.

há necessidade de falar alto com ele, pois não é surdo. Além disso, os encontros, neste caso, não precisam ser adaptados. Salvo a questão de espaço físico, tudo pode ser utilizado como para os demais catequizandos.

Deficiência intelectual

É uma deficiência caracterizada por problemas que ocorrem no cérebro e que levam a um aprendizado mais lento, mas que não afeta outras regiões ou áreas cerebrais. Entre suas causas mais comuns, encontram-se os fatores de ordem genética, as complicações que ocorrem ao longo da gestação, durante o parto ou pós-natais.

O deficiente intelectual é o indivíduo que tem maior ou menor dificuldade em seguir o processo regular de aprendizagem e, por isso, necessita de apoios e adaptações curriculares para aprender.

Pessoas com deficiência intelectual costumam apresentar dificuldades para resolver problemas, compreender ideias abstratas (como as metáforas, a noção de tempo e os valores monetários), estabelecer relações sociais, compreender e obedecer a regras, e realizar atividades cotidianas, como, por exemplo, as ações de autocuidado.

Na maioria dos casos, o diagnóstico é feito com base no atraso do desenvolvimento neuropsicomotor (a criança demora para firmar a cabeça, sentar, andar, falar) e no aprendizado. Essa pessoa aprende os conteúdos por repetição e de maneira mais lenta, se comparada aos demais alunos.

Incluem-se também nas deficiências intelectuais algumas síndromes como:[12]

---

[12] Cf. PFANNER, Pietro; MARCHESCHI, Mara. *Retardo mental*; uma deficiência a ser compreendida e tratada. São Paulo: Paulinas, 2008, pp. 27-46, 79-80.

- Síndrome de Down: as pessoas com essa síndrome são afetuosas e amigáveis, mas também rígidas e opositoras.
- Síndrome de Angelman: as pessoas com esse mal são às vezes conhecidas como "anjos", devido ao nome da síndrome e à aparência jovem e feliz.
- Síndrome de Rubinstein-Taybi: pessoas com essa síndrome são muito felizes e bastante socializadas.
- Síndrome de Lennox-Gastaut: pessoas com essa síndrome geralmente têm uma inteligência limítrofe.
- Síndrome de Prader Willi: pessoas com essa síndrome são obsessivas compulsivas.
- Síndrome de Williams: as pessoas com essa síndrome são hipersociais e hiperloquazes.
- Síndrome do X-Frágil: as pessoas com esse mal podem ter traços autistas, e são autolesivas e intolerantes.
- Esclerose tuberosa: as pessoas com essa síndrome apresentam dificuldades de aprendizagem.

Sugestões para a catequese

Um catequizando com Síndrome de Down[13] tem mais dificuldades para interpretar ideias abstratas. Nos encontros, o catequista diversificará os temas buscando sempre relacioná-los com as situações do cotidiano, por meio de exemplos concretos, para ilustrar os conteúdos mais complexos.

É necessário redimensionar o conteúdo, flexibilizar o tempo para a realização das atividades e usar estratégias diversificadas de exposição, sempre utilizando de repetição.

---
[13] Sugerimos a leitura de: CYRENO, Lúcia. *Meu Rei Arthur*; a chegada de um filho com Síndrome de Down. São Paulo: Paulinas 2007. Id. *O pequeno Rei Arthur*; convivendo com a Síndrome de Down. Ilustr. Semíramis Paterno. São Paulo: Paulinas, 2007.

Os colegas da catequese podem contribuir para a socialização do catequizando com deficiência intelectual, estimulando-o a interagir com a reflexão do encontro.

Este catequizando terá dificuldade de assimilação de conteúdos de forma rápida. Os encontros precisarão ser repetidos várias vezes, de maneira que cada vez que introduzir um novo tema o catequista volte e recorde o tema anterior. Devem ser apresentadas gravuras que ilustrem o tema do dia, como, por exemplo: quando o encontro tratar dos sacramentos, procure apresentar ilustrações sobre eles.

Autismo

O termo autismo foi empregado pela primeira vez em 1911, pelo psiquiatra suíço Eugen Bleuber, para descrever a fuga da realidade e o retraimento para o mundo interior em pacientes adultos acometidos de esquizofrenia. Somente em 1943, o psiquiatra Leo Kanner descreveu com maior precisão o autismo infantil. A partir da década de 1970, os meios científicos manifestaram um crescente interesse pelo assunto, o que possibilitou o desenvolvimento de pesquisas nos âmbitos neurobiológico, cognitivo e psicanalítico. [14]

Manifestado antes dos três anos, o autismo é um transtorno global do desenvolvimento, com perturbação característica no campo da interação social e da comunicação, o que leva a pessoa a apresentar um comportamento focalizado e repetitivo. É mais comum em meninos do que em meninas.

---

[14] FERRARI, Pierre. *Autismo infantil*: o que é e como tratar. São Paulo: Paulinas, 2012, p. 5.

Assim como outras formas de psicose infantil precoce, das quais não pode ser dissociado, o autismo aparece como um tipo severo de desordem da personalidade que altera muito precocemente, às vezes desde o nascimento, a organização da vida interior da criança e sua relação com o mundo exterior. Essas psicoses constituem também distúrbios do desenvolvimento que afetam, de modo variado e não homogêneo, os diversos setores do desenvolvimento da criança.[15]

Sugestões para a catequese

O catequizando autista precisa de exemplos concretos para entender os conteúdos do encontro. Utilize muitas gravuras e tome cuidado com exemplos de duplo sentido, por exemplo: "Somos sal da terra e luz do mundo". Para ele, sal é aquilo que é colocado na comida, e luz é aquela que ele acende. Também quando se diz: "Sede santos, como o vosso Pai dos céus é santo", pode causar confusão, pois santo, para esse catequizando, é apenas aquele das imagens.

Transtorno Global do Desenvolvimento ou Espectro Autista

Caracteriza-se por um comprometimento severo que envolve três áreas do desenvolvimento: dificuldade de interação social, de comunicação e comportamentos repetitivos com dificuldades de adaptação a mudanças.

A gravidade das manifestações clínicas vai desde o autismo clássico descrito por Kanner até formas menos graves, como o

---

[15] SANS FITÓ. *Por que é tão difícil aprender?*, cit., p. 141.

chamado autismo de alto funcionamento e a Síndrome de Asperger.[16]

Síndrome de Asperger

Hans Asperger, psiquiatra e pesquisador austríaco, ao publicar seus estudos na Alemanha no final da Segunda Guerra Mundial, descreve um grupo de crianças com comportamentos semelhantes aos que descreveu Kanner no ano de 1943.

Esta síndrome é um transtorno caracterizado por alteração qualitativa das interações sociais recíprocas, semelhantes às observadas no autismo. Os sujeitos são em geral muito desajeitados.

A diferença entre Síndrome de Asperger e autismo está na memória privilegiada e no fato de os aspectos cognitivos e de linguagem não apresentarem atrasos, embora a adaptação a mudanças na rotina do dia a dia seja capaz de gerar ansiedade.

As pessoas com Síndrome de Asperger (SA) se caracterizam por apresentar dificuldades significativas naquilo que denominamos inteligência social.[17]

Sugestões para a catequese

Possibilite que este catequizando fale sobre seus conhecimentos prévios e sua experiência pessoal. Utilize de seus interesses para introduzir novos temas relacionados ao encontro de catequese. Elogie sempre e evidencie suas capaci-

---

[16] Cf. ibid., p. 142.
[17] Cf. ibid., pp. 170-172.

dades para que se sinta bem no grupo. Utilize gravuras para explicar sobre os temas dos encontros.

O catequista deverá conversar com a família, orientando-a sobre o dia da Primeira Eucaristia e como tudo ocorrerá: a igreja estará lotada com pessoas desconhecidas, haverá muitos objetos diferentes, desde máquinas fotográficas, filmadoras... Estas orientações visam evitar reações inesperadas, como se levantar e correr pela igreja.

Os indivíduos com esta síndrome costumam ser seletivos com relação à comida, podendo não aceitar comer nada de cor verde ou branca. Sendo assim, é importante que o catequista apresente-lhe uma partícula da hóstia e deixe que segure na mão, para que, ao chegar o dia da Primeira Eucaristia, não se mostre resistente e aceite comungar.

Paralisia cerebral

A expressão "paralisia cerebral" é usada para descrever uma condição de ser, um estado de saúde, uma deficiência física adquirida.

Geralmente, é uma lesão cerebral que acontece quando falta oxigênio no cérebro do bebê durante a gestação, no parto ou até dois anos após o nascimento – neste caso, pode ser provocada por traumatismos, envenenamentos ou doenças graves, como sarampo ou meningite.

Dependendo do local do cérebro onde ocorre a lesão e do número de células atingidas, a paralisia danifica o funcionamento de diferentes partes do corpo. A principal característica é um desequilíbrio na contenção muscular, que causa tensão e inclui dificuldades de força e equilíbrio, isto é, a lesão provoca alterações no tônus muscular e o comprometimento da coordenação motora. Em alguns casos, há também problemas na fala, na visão e na audição.

Ter uma lesão cerebral não significa, necessariamente, ser acometido de danos intelectuais, mas, em 75% dos casos, as crianças com paralisia cerebral acabam sofrendo comprometimentos cognitivos.

A pessoa com paralisia cerebral anda com dificuldade ou não anda, pode ter problemas de fala. Seus movimentos podem ser estranhos ou descontrolados. Pode involuntariamente apresentar gestos faciais incomuns, sob a forma de caretas. Geralmente, porém, trata-se de pessoas inteligentes e sempre muito sensíveis – sabem e compreendem que não são como as outras.

Sugestões para a catequese

Este catequizando precisa de exemplos concretos para entender os conteúdos do encontro; então utilize muitas gravuras. Não é necessário falar alto com ele, pois paralisia cerebral é um comprometimento do cérebro no comando dos movimentos do corpo.

Para ajudá-lo, adapte-se ao seu ritmo. Se não compreender o que ele diz, peça-lhe que repita: *ele o compreenderá*. Não se deixe impressionar pelo seu aspecto. Aja sempre de forma natural.

Considerações finais

A inclusão de um catequizando com deficiência tem início na vocação do catequista, no momento em que diz "sim" a Deus.

Dizer "sim" é lançar o coração em águas mais profundas e seguir o exemplo de Maria, quando disse ao anjo: "Eis-me aqui". Significa colocar-se de prontidão diante de Deus para acolher a missão evangelizadora inclusiva, independentemente do tipo de deficiência com que o catequista terá de lidar nos encontros catequéticos.

Por isso, catequistas, não tenham medo de assumir sua vocação. Assim como um engenheiro projeta uma casa, Deus, antes que vocês nascessem (cf. Jr 1,5), os projetou: "Nascidos não da vontade da carne e do sangue, nem da vontade do homem, mas de Deus" (Jo 1,13). Ele os chamou pelo nome, os ungiu e consagrou, e é ele quem os capacita e conhece sua disposição para realizar tal missão.

A exemplo de Jesus e como Igreja, cada um de nós iremos caminhar em estradas com obstáculos a serem superados, rumo a uma sociedade com acesso, qualidade e lugar para todos.

Vamos semear a inclusão na sociedade, mostrando, através do nosso exemplo e testemunho de fé, que vale a pena ser cristão e incluir as pessoas com deficiência na Igreja e na sociedade!

Anexos

Catequese é vida

O V Seminário Nacional de Catequese junto à Pessoa com Deficiência, realizado no Centro Pastoral Santa Fé, em São Paulo, de 25 a 27 de março de 2011, teve como tema: "Igreja e a Pessoa com Deficiência". Participaram desse seminário 170 pessoas, vindas de todas as regiões do Brasil.

Considerando:
- O Censo 2000, realizado pelo IBGE, que detectou que há no país cerca de 25 milhões de pessoas com algum tipo de deficiência, correspondendo a 14,5% da população.
- A realização, pela CNBB, da Campanha da Fraternidade – "Fraternidade e Pessoas com Deficiência", em 2006, em que houve a possibilidade de uma tomada de consciência maior sobre a condição social dessas pessoas.
- A aprovação, pela Organização das Nações Unidas (ONU), da Convenção Internacional dos Direitos das Pessoas com Deficiência e sua ratificação pelo Estado brasileiro em 2008, tornando-se a referência maior em nível legal para promoção dos direitos e inclusão social dessas pessoas.
- Que a Igreja tem, cada vez mais, se organizado para promover o direito à religiosidade, à espiritualidade e à catequese para essas pessoas, entendendo que "o Corpo Místico de Cristo e a sociedade não estão completos sem a participação das pessoas com deficiência".

- Que ainda há muito a construir para promover a inclusão dessas pessoas no seio da Igreja.

Propõe-se que:
- Todas as crianças católicas com deficiência sejam incluídas nas ações de catequese;
- Esta inclusão seja realizada, prioritária e preferencialmente, junto com as crianças sem deficiência;
- Os jovens e adultos com deficiência façam parte das ações evangelizadoras com protagonismo, autonomia e independência;
- Seja assegurada acessibilidade física e de comunicação em todos os espaços da Igreja;
- Que os princípios da Convenção Internacional sobre os Direitos das Pessoas com Deficiência sejam incorporados também como princípios da Igreja.
- Que em nível nacional e regional, no âmbito da CNBB, seja constituída uma Pastoral das Pessoas com Deficiência, com pessoal, meios e recursos necessários, com vistas a desenvolver trabalhos de inclusão desse segmento na sociedade e na Igreja;
- Essa pastoral possa contar com os movimentos e pastorais hoje existentes, como a Pastoral dos Surdos, o Movimento Fé e Luz, a Arca, a Fraternidade Cristã de Pessoas com Deficiência e outros.

Reivindica-se que:
- Os órgãos públicos implementem políticas de atenção às pessoas com deficiência, conforme preconizadas pela Convenção Internacional sobre os Direitos das Pessoas com Deficiência, pelo Sistema Único de Saúde (SUS), pelo

Sistema Único de Assistência Social (SUAS) e pelas demais políticas públicas de atenção aos direitos de cidadania dessa população;
- Que o Congresso Nacional suspenda a tramitação do Estatuto da Pessoa com Deficiência, até que seja promovido um amplo debate com o segmento e que sejam respeitados os preceitos constantes da Convenção Internacional da ONU.

Depoimentos

Batizado do Vinycius

O Vinycius é um menino com Síndrome de Down batizado em 2008.

Relata sua mãe: "Ele é uma criança muito carismática e até hoje não enfrentou preconceito. Somos uma família católica praticante. Sempre acreditei que uma criança deve ser batizada assim que nasce, iniciando sua vida religiosa. Por isso, o Vinycius foi batizado com dois meses. Ele praticamente dormiu a celebração inteira. Foi muito emocionante ver nosso bebezinho recebendo as bênçãos de Deus.

Procuramos, desde então, manter esse convívio nas missas de domingo. Hoje ele pede para ir ver o Papai do Céu, sabe se benzer e sabe que Nossa Senhora é a Mamãe do Céu. E também quando vê Jesus fala que é o Papai do Céu".

Batizado do Rafael

Em 27 de agosto de 1998, na cidade de Rancharia, localizada no interior do estado de São Paulo, nascia Rafael, uma criança com Síndrome de Down, enviada por Deus. Carinhosamente, pelos seus familiares, recebeu o nome de Rafael, cuja missão a ele confiada é continuar o mandamento do amor, como nos ensina Jesus no Evangelho de Marcos 12,33: "Amar a Deus de todo o coração, com toda a mente e com toda a força, e amar o próximo como a si mesmo, isto supera todos os holocaustos e sacrifícios".

Rafael nasceu com problema cardíaco e precisou vir a São Paulo fazer tratamento médico. Para isso, contou com a ajuda de seus padrinhos de Batismo, que supriram todas as suas necessidades, inclusive as de hospedagem.

No mês de junho, foi submetido a uma cirurgia, e os médicos informaram que precisavam colocar uma válvula artificial no coração dele, o que poderia acarretar uma rejeição do organismo. No decorrer da cirurgia, pela graça de Deus e pela fé de seus pais e padrinhos, os médicos conseguiram utilizar o tecido do próprio coração para fazer a tal válvula, eliminando todo e qualquer tipo de rejeição e tornando, assim, a cirurgia um sucesso.

Para que se recuperasse, precisou ficar internado na ala infantil do hospital. No mesmo quarto havia algumas outras crianças que infelizmente foram a óbito. Rafael foi uma das poucas que sobreviveram e resistiram à cirurgia.

Ele foi batizado em situação de perigo de morte. Quando saiu do hospital, foi levado à Paróquia de Santo Antônio para complementar o Batismo. E logo após, os padrinhos foram a Rancharia, cidade onde estava internado, para comemorar seu primeiro aniversário. Atualmente, Rafael mora em São Paulo com seus padrinhos.

Primeira Eucaristia e Crisma

Depoimento de Evilásio Luiz Cândido: "Sou um artista plástico singular, pois pinto com a cabeça. Nasci no dia 15 de junho de 1976, em São Paulo. Moro com a minha mãe, Dona Dilza, e a minha irmã Juliana, em São Paulo. Estudo francês e italiano e pretendo cursar a faculdade de Administração de Empresas.

Tenho paralisia cerebral e provei, através da dedicação à arte, que a força de vontade é a grande aliada para enfren-

tarmos os desafios que a vida nos impõe. Apesar de ter o controle dos movimentos do corpo reduzidos e dificuldade para me expressar verbalmente, na hora de pintar estes limites são vencidos. Com meus reflexos, transformo os empecilhos em vontade e, assim, dou asas à imaginação, produzindo paisagens coloridas com tintas acrílicas. Descobri o gosto pela pintura há quase vinte anos, quando ainda era paciente da Associação de Assistência à Criança Deficiente (AACD). Com a ajuda do artista plástico Luca Vitali, que me acompanha desde 1992, e usando uma técnica de pintura concebida por ele para pessoas com deficiência física, fiz das telas, tintas e pincel meus melhores companheiros.

As pinturas que crio já foram divulgadas em vários espaços paulistas: Polo Cultural Casa da Fazenda, Expoarte, Associações dos Artistas de Santo Amaro e Rodrigo Mendes, Sociedade Esportiva Palmeiras e Salão de Artes Plásticas do Congresso Cultural (Unisa), ampliando, assim, os temas que abordo em minhas telas. Atualmente, minhas obras de arte são reproduzidas em diversos brindes como cartões, capas de agenda, calendários, marcadores de livro, entre outros.

Tenho sempre o seguinte pensamento: 'Minha deficiência faz com que algumas pessoas viagem pelo imaginário dos preconceitos, o que acho normal. Mas, sinceramente, não me sinto mal por isso. No meu caminho encontrei quem acreditasse em meus sonhos e em mim. O preconceito é um conteúdo do outro e não meu'.

Para mim, pintura é tudo. E foi a grande oportunidade que Deus me deu de conhecer e sentir a liberdade.

Para eu fazer a catequese na Paróquia Nossa Senhora de Fátima, da Vila das Belezas, na cidade de São Paulo, enfrentei a dúvida dos padres responsáveis, pois achavam que eu não seria capaz. Mesmo assim as catequistas Josefa, Imaculada e Cida, semanalmente, durante um ano, foram a minha casa com esta finalidade.

Quando os padres souberam que eu aprendi e fiz tudo certo, fui aprovado e aceito. Fiz minha primeira Comunhão em novembro de 1995, aos 19 anos, juntamente com minha irmã Juliana.

Continuei a frequentar a igreja e, após cinco anos, fui convidado a participar do sacramento da Crisma. Desta vez não houve empecilhos, pois eu já havia mostrado minha capacidade de vencer e de exercer a fé como todo cristão.

Repetimos o mesmo esquema: Josefa e Imaculada foram a minha casa, uma vez por semana, durante um ano, e mais de uma vez pude demonstrar meu empenho e potencial para aprender.

Em 4 de julho de 2000, fui crismado e tive a felicidade de encontrar Elisângela, uma amiga que estudou comigo na AACD (1985-1989). Ambos estávamos lá, derrubando tabus.

Somente em 2007 foi construída uma rampa, permitindo a acessibilidade às dependências igreja, o que tornou muito mais fácil minha entrada, pois desde pequeno a frequento.

Fui aceito pela comunidade, mas percebo que não há participação de mais deficientes, talvez porque não sejam levados pelas famílias. Sei que na rua onde moro há mais três pessoas com deficiência, mas nunca as vejo na igreja.

Hoje faço parte da Fraternidade Cristã de Deficientes (FCD), coordeno o grupo de Parelheiros desde 2008, com a permissão do Padre Davi, da Paróquia São Cristóvão.

Espero que a minha presença, o meu trabalho e a minha perseverança contribuam para a conscientização e a prática religiosa das pessoas com deficiência na Igreja Católica.

Para finalizar: 'Para todos os catequistas, ofereço uma homenagem pelo lindo trabalho de evangelização junto às pessoas com deficiência. Desejo a todos que tenham as bênçãos de Deus por toda a vida'".

Chamada a ser catequista

Chamo-me Maria da Paz, sou professora, nasci em Portugal, na Ilha da Madeira, em 26 de setembro de 1959, e vim para o Brasil com um ano de idade. Sou casada há mais de trinta anos com o Ailton e mãe de dois filhos: a Patrícia e o Rafael. Patrícia se casou e me deu uma neta, chamada Gabriela.

Tenho um problema na visão que se chama retinose pigmentar, ou seja, destruição dos nervos da retina, e que causa cegueira.

Dois anos após fazer uma cirurgia, no ano de 1994, coordenava uma creche, orientando as educadoras sobre as atividades a serem realizadas. De 1995 até 2000 trabalhei como voluntária nessa mesma creche.

Trabalhei por 19 anos aí, como auxiliar de ensino, e perante a lei, para não ser prejudicada, não poderia mais exercer o trabalho voluntário. Então, tive que me desligar das crianças. Na época era educadora auxiliar, e lidava com trinta crianças.

Naquele momento, em oração, pedi ao Senhor que colocasse no meu caminho um trabalho igual ao que fazia na creche.

Em 2000, ao participar do grupo de oração da Paróquia Nossa Senhora de Fátima, fui convidada por Vera Lúcia, componente do grupo, para substituir uma catequista, a Deise, na Paróquia Santa Rita de Cássia, da Diocese de Santo Amaro, São Paulo. Eu disse que não enxergava e que não sabia como seria a minha aceitação, porém, mediante a aprovação da coordenadora, Dona Corina, do pároco Frei Xavier, que disse que isso não seria um problema, e da coordenadora de catequese da época, passei a ser catequista.

Frei Xavier foi o primeiro padre na minha vida que me viu além dos meus olhos.

A princípio era um trabalho temporário, mas, pelo bom desenvolvimento, permaneço até hoje, e já se passaram doze anos.

Houve uma adaptação da nova coordenadora, Lurdes, que me vê tão habilitada como qualquer outro catequista.

O trabalho só foi possível pela aceitação das crianças e a boa vontade da Jurema em me levar para a catequese. Sou muito grata primeiramente a Deus, que me concedeu esta oportunidade, e às diversas pessoas que me auxiliam na confecção do material didático.

Fontes

ALDAZÁBAL, José (com.). *Instrução Geral do Missal Romano*. 3. ed. São Paulo: Paulinas, 2007, nn. 95-96.

BARRAGA. Natalie Carter. Utilization of low vision in adults who are severely handicapped. *The New Outlook of the Blind*, v. 70, n. 5, pp. 177-181, maio 1976.

BETTENCOURT, Estêvão. Crítica dos Evangelhos: Milagres de Jesus. Fatos históricos e significado. *Pergunte e responderemos*, ano 36, p. 395, abr. 1995.

CONFERÊNCIA NACIONAL DOS BISPOS DO BRASIL. FRATERNIDADE E PESSOAS COM DEFICIÊNCIA. Texto-base da Campanha da Fraternidade 2006. In: <http://www.cnbb.org.br/ns/modules/mastop_publish/files/files_48cfb723b42d3.pdf>. Acesso em: 28 jun. 2012.

_____. *Diretrizes Gerais da Ação Evangelizadora da Igreja no Brasil 2011-2015*. São Paulo: Paulinas, 2011. (Documentos da CNBB 94.)

_____. *Regional Sul 2*; pastoral dos surdos rompe desafios e abraça os sinais do Reino na Igreja do Brasil. São Paulo: Paulinas, 2006.

DIOCESE DE SANTO AMARO. *Diretrizes pastorais* – São Paulo, 2004.

FERRARI, Pierre. *Autismo infantil*; o que é e como tratar. São Paulo: Paulinas, 2012.

NEUSA Maria. *Filhos especiais para pessoas especiais*; o milagre do dia a dia. São Paulo: Paulinas, 2006.

PERRENOUD, Philippe. *Construir as competências desde a escola*. Porto Alegre: Artes Médicas Sul, 1999.

PFANNER, Pietro; MARCHESCHI, Mara. *Retardo mental*; uma deficiência a ser compreendida e tratada. São Paulo, Paulinas, 2008.

SANS FITÓ, Anna. *Por que é tão difícil aprender?* São Paulo: Paulinas, 2012.

SASSAKI, R. K. Terminologia sobre deficiência na era da inclusão. *Revista Nacional de Reabilitação*, São Paulo, ano V, n. 24, p. 6-9, jan./fev. 2002 [texto atualizado em 2010].

UNESCO. *Declaração de Salamanca e linha de ação sobre necessidades educativas especiais.* Brasília: Corde, 1994.

Outras indicações

AZEVEDO, Alexandre. *O menino que via com as mãos.* São Paulo: Paulinas, 2012.

COTES, Cláudia. *Dorina viu.* São Paulo: Paulinas, 2011.

_____. *Criança genial.* São Paulo: Paulinas, 2009.

CYRENO, Lúcia. *O pequeno Rei Arthur;* convivendo com a Síndrome de Down. São Paulo: Paulinas, 2011.

_____. *Meu Rei Arthur;* a chegada de um filho com Síndrome de Down. São Paulo: Paulinas, 2007.

POSSATI, Neusa Jordem. *Ciça.* Ilustr. Renato Alarcão. São Paulo: Paulinas, 2010.

Fontes eletrônicas

<http://www.clubedafala.com.br/dislalia.html>.

<http://www.dislexia.org.br/>. Acesso em: 19 set. 2012.

<http://www.escoladegente.org.br/noticiaDestaque.php?id=469>. Acesso em: 25 set. 2012.

<http://revistaescola.abril.com.br/inclusao/inclusao-no-brasil/inclusao-ensina-511186.shtml?page=2>.

<http://www.news-medical.net/health/What-is-Angelman-Syndrome-(Portuguese).aspx>. Acesso em: 5 dez. 2012.

<http://www.fiocruz.br/biosseguranca/Bis/infantil/sindrome-rubinsrein-taybi.htm>. Acesso em: 5 dez. 2012.

<http://www.desenvolvimentosocial.sp.gov.br/a2sitebox/arquivos/documentos/274.pdf>. Acesso em: 11 dez. 2012.

Cursos sobre deficiência

<http://www.portaleducacao.com.br/>

TDAH: <http://www.iped.com.br/educacao-e-pedagogia/curso/transtorno-de-deficit-de-atencao-e-hiperatividade>.

Dificuldades de aprendizagem

<https://www.buzzero.com/cursos-online-de-educacao-e-inclusao-social/cursos-de-pedagogia/curso-online-dificuldades-de-aprendizagem_9984>.

Deficiência intelectual

AUTISMO: <http://www.universoautista.com.br/autismo/>.

APAE: <www.apaesp.org.br>.

DEFICIÊNCIA VISUAL. Fundação Dorina Nowill: <cursos@fundacaodorina.org.br>.

DISLEXIA: <http://www.dislexia.org.br/>; <http://www.abcdislexia.com.br/eventos.htm>.

LIBRAS (Língua Brasileira de Sinais): <http://www.libras.org.br/>; <http://www.libras24h.com.br/>.

Rua Dona Inácia Uchoa, 62
04110-020 – São Paulo – SP (Brasil)
Tel.: (11) 2125-3500
paulinas.com.br – editora@paulinas.com.br
Telemarketing e SAC: 0800-7010081